モンテッソーリ式

親子でハッピー!

魔法のほめ方叱り方

自己肯定感が上がる子育て

いしいおうこ 著

日本能率協会マネジメントセンター

「ダメ！　何度言ったら分かるの？」

「ママほんとに、怒るよ！」

……うちの子、また聞いてない。

いや、聞いているけど響いてない？

もしかして、傷つけちゃった？

子どもと向き合うほど、
子どもが聞きたくない小言を言ってしまう。
わたしの叱り方、これでいいのかな？
わたしのお母さんもこんなことわたしに言ってたっけ？
あんまりほめてくれなくてさびしかったなぁ。
あ、わたしも子どもをほめてないかも……。

はじめに

親が悩むのは、真剣に子育てしているからこそ。ひとりひとり違うのだから、みんな迷うのは当たり前。

皆さんが取り組んでいるのは、「命を預かり、育てる」という超重要なお仕事。けれど不思議なことに、誰も子育てについて最初から筋道立てて教えてくれません。たくさんのお父さん・お母さんたちが、ときには落ち込みながら毎日手探りでお子さんと向き合っています。

これは、これまでの13年間、悩めるお母さんたち1万人と出会い、山ほどお話をしてきてわたしが感じたことです。でも、誰も子育てについてちゃんと教えてくれないのだから、「うまくできているのかな？」と不安になっても、それはあなたのせいではありません。

はじめに

わたしは、全国の0～6歳のお子さんを育てる方を対象とした、声がけ教育家のいしいおうこと申します。

私が学んできたモンテッソーリ教育などをベースに、子どもが自己肯定感をあげて自立していくためのコツをお伝えします。モンテッソーリ教育とは「自立していて、有能で、責任感と他者への思いやりがあり、生涯学び続ける姿勢を持った人間を育てる」というものです。

子育ての最初の大きな関門「イヤイヤ期（0～3歳）」で頭を抱えるお母さんたちに、子どもが主体性をもち、親も気持ちを楽に「イヤイヤ期」を乗り越える声かけなどを伝授してきました。

じつは、この「イヤイヤ期」が終わってからも、「めんどうくさい期（3歳半～5歳半）」「中間反抗期（8～10歳）」などがやってきて、最後には「思春期」というラスボスが登場します。この思春期で「うるせぇ、ババア！」と子どもに言われたらどうしようとドキドキする（笑）お母さんも多いのですが、ババア呼ばわりされるかどうかは、0歳からの声かけから始まっているのです。

現在、私も中高生の母親として思春期と向き合っています。0歳からこころがけてきた私なりの声かけがどんなふうに子どもに影響したかを、日々の生活を通して観察しています。

さて、この本は、0〜6歳を育てる方を対象に、親子あわせて自己肯定感があがる声かけのコツをお伝えするものです。そもそも、子どもってどうしてこんなことを言うのだろう？　という謎を解き明かすべく、年齢別のメカニズムも紹介します。一応、この本は0〜6歳をメインにしてはいますが、小学生や思春期、いえ一生使える魔法の声かけの書として、長くみなさんの力になれればうれしいです。

なかには、ちょっと変わった視点で、「子どもに与えすぎはよくないのでは？」というお話もふくまれています。愛は惜しみなく与えるものなのにどういうこと？　実はこれって、子どもの主体性や創造性を左右するポイント。中盤で登場しますので、楽しみにしていてください！

そうそう、「自己肯定感」って、子育てをしていると、よく聞く言葉ですよね。わが子の自己肯定感について考えつつ、お母さんたちご自身も自分を愛し、笑顔で子育てできるように後押しするのがわたしの役割です。できないことを数えるのではなく、この本を通してできることを少しずつ一緒に増やしていきましょう。

もし、これまでの育児に自信が持てなかったり、今までの人生に納得がいかないという方がいても、子育てをしながら新しい自分を生き直せますから大丈夫。そんなお母さんたちをたくさん見てきました。

自分の育児にダメ出しをしたり、否定する必要はまったくありません。そのままのあなたで、ゆっくりこの本を読み進めていただければと思います。

目次

Contents

第二章

自己肯定感をあげる声かけ

第三章 アタエナー育児・アタエナー教育®

第四章

子どもの主体性を育むはたらきかけ

第五章

愛されているのに、自己肯定感が低いという悩み

＊「プラ転®」「アタエナー教育®」はグラン・ジュテ株式会社の登録商標です。

本書の登場人物

おうこ先生

モンテッソーリ教育とレッジョ・エミリア教育をベースにした子育て法を、お母さん・お父さんたちに伝えている。

趣味は、子育て中のお母さんの相談に乗ること。和菓子を食べること。

ゆかさん

タクト君のママ。
一生懸命子育てしているが、子どもを叱ってしまい、自己嫌悪に陥ることも。

タクト君

5歳。カプセルトイで遊びたいとショッピングモールで泣いてしまったり、公園遊びに「飽きた」といってゆかさんを困らせたりしている。

ゆかさんの夫

泣き虫のタクト君に、びしっと言わなければならないと考えるなど、子育てには厳しさも必要、と思っている。

第一章

声かけの魔法

〝約束〟と〝信頼〟の魔法

夕方のショッピングモール。

（ゆかさんの心の声）

お友達とのランチも終わったし、そろそろ帰って夕飯の支度をしなきゃ。

「さ、帰ろう」

５歳のタクトは動かない。

「ママー、これやるー」

タクトは、カプセルトイマシーンにかけよった。

……毎回これだ。最初はやらせてあげたけど、好きなものが出てこないと怒り出すし、家は景品でいっぱい。お金だってばかにならない。

よし、この子の教育のためにも、ここは厳しくNOと言おう。お友達までやりたいって言い出したら迷惑だし。

「やるー、やるーー！」

「タクト、きりがないから今日はやめようね」

「やだやだーー！」

「お友達も帰るし、パパが帰ってくるから夕飯の支度しないとね」

「そんなのしらないーー！　これやるのーーーー！」

「タクト、また今度ね。今日はこのまま帰ろうね？」

「やだーーーー！　やるーーーーー！

ぜーったい、かえらない！」

「……いーーかげんにしなさい、置いてくよっ!!」

「うわーーーーーん！　ママだいきらいーーーー！」

この後、私は泣き叫ぶタクトを引きずるようにしてショッピングモールを後にした。周りの目が痛かった。

声かけで育児が楽しくなる

お母さん！　大変でしたね、ずいぶん困ったでしょう……。遊びたい子どもの気持ちもわかるし、お母さんのあせる気持ちもわかります。魅力的なゲームやおもちゃ、食べ物、遊びを前にして、よくある光景かもしれません。皆さんならどんなふうに声かけしますか？

脅し言葉を使うのはＮＧ！

このお母さん、今日はとっても頑張りましたが、じつは「置いていくよ」は子どもにとって絶望的な言葉なんです。大好きなお母さんに置いていかれるって、想像すると恐ろしいことですよね。子どもが生命や愛着の危険を感じるほど、強く脅しているのと同じこと。

言われた子どもは傷つき、言われ続けることで最悪の場合、不安が募り心を病む可能性もあります。似たような状況では、「ごはん食べなさい！　もう知らない、ご飯食べないと弱い子になるよ」などもあります。

脅し言葉を使い続けると、子どもは親を信頼しづらくなります。一時的には従ったように見えても、それは恐怖によって自分の感情を押し殺しているのだから。積もり積もって、反抗期で大反撃！　親の言うことは無視、キレて話をきいてくれないということも起こりえます。

では、どうすればよいかというと

「何時になったら行くよ。あと10分だよ」「あと2回か3回できるよ、どっちがいい？」など約束をする。

今回のカプセルトイマシーンなら、「今日はやってもいいよ」「うちはお誕生日や特別なときにやります」と事前に決めておくといいですね。

約束は前日、出かける前、すぐ前と何回もしてください。もし約束を忘れていたら、「この前やったから、今日はしないお約束だよ」「お約束が守れたら、もっと楽しい遊び方ができるんだよ。どうする？」ときいてあげてください。

罰を与える叱り方はやめよう

「〇〇しないと、お菓子あげないよ」など、罰を与える叱り方をしてしまう人はいませんか？　たとえば、子どもがなかなか部屋を片づけないとき。片づけとお菓子には何の関係もないのに、いきなりお菓子を持ち出されて叱られると、子どもは親に不信感を抱きます。**どんな基準でお菓子をとりあげられるかが不透明、かつ、やり方が一貫せず、不安を感じるのです。子どもを罰するという発想をまずやめましょう。**

似て非なる、「ご飯を食べたら、大きくなれるよ」という声かけはＯＫです。これは、原因と結果であり、言っていることに一貫性があります。本人の行動により、起きる結果を述べているだけですよね。同様に「部屋を片づけると、探し物もすぐ見つかるよ」も、結果を指摘しているので、言われた子どもも納得します。

まとめ

- ☑ 脅し言葉は子どもとの信頼関係づくりを妨げる
- ☑ 子どもとあらかじめ約束をしておけば、信頼関係が築ける
- ☑ 〝罰する〟という発想はやめよう

明日は
カプセルトイ
やっていいよ
え‼
やった‼
なんかい？
なんかい？

親子の間に、ご褒美は必要？

ご褒美はよく考えて

「〇〇したら、ご褒美をあげるよ」

子どもが反応するので、つい使いたくなる奥の手です。

脳科学的にも、報酬を与えると結果を出しやすくなりますので、ご褒美には一定の効果はあります。でも、頻繁に使い続けると、困った状況も起きます。

それは、

① ご褒美がないと、やらなくなる

ご褒美がないとやらなくなったり、子どもの方から「〇〇くれるなら、やる」と言い出すようになります。ご褒美をどうするかは、内容も含めて、親が決めること。ご褒美は、お菓子やおもちゃなど、物である必要はありません。ハグや、親子の遊びの時間でもいいのです。

② 他人軸で動くようになる

ご褒美を乱用すると、人に言われたからやる、人にご褒美をもらえるからやるという思考になり、子どもが自分で考えて行動しづらくなります。できなかったときに人のせいにしたり、お母さんのせいだと怒り出す子も。このように、やる気になるきっかけを誰かに作ってもらわなければならない状態になると、将来的に子どもにとって、困ったことになります。

自分で自分をやる気にさせる、すなわち自分軸での選択ができるようになると、主体的な生き方に結びつきます。**はじめは他人軸でも、自分軸に移行していくことが大事なのです。**

やる気を出すための入口としての〝ご褒美〟はいいけれど、使いすぎには要注意！

自分軸で考えると、どうなるか

自分軸で考えられれば、他人と比べる必要はありません。誰かに決めてもらう必要ももちろん無し。比べる相手は〝過去の自分〟。「昨日の自分より、今日の自分がどれだけ成長したか」が判断基準です。

たとえば、なわとびをどれくらい跳べるようになったかで考えてみましょう。先週は連続5回、昨日は10回、今日は11回。少しでも回数が増え、楽に跳べるようになれば成長です。実際に、年齢を重ねるほど自分との戦いとも言える場面が増えます。子どものうちから、自分自身の小さな進歩を喜べる機会を積み重ねておきたいですね。

自分軸をしっかりさせるための、親の関わり方

「過去の自分と比べる」といっても、子どもひとりで取り組むのでは、やる気を保つのが難しい場合もあります。そこで、子どもが、過去の自分と比較しやすいよう、ノートに記録をつけたりグラフで視覚化しておくことをおすすめします。自分の進歩が分かると、俄然子どものやる気につながります。

目標を決めて、できた日にシールを貼っていくという方式もいいですね。こうなると、親が行うサポートは、ご褒美の用意から子どもが自分自身をふり返るための環境設定に変わっていきます。

「ちょいムズ」がやる気を刺激する

子どもがやる気をなくす原因は二つ。「難しすぎてやりたくない」か、「簡単すぎてやりたくない」です。やる気を引き出すコツは「**ちょいムズ**」。**少し高めの課題設定が、子どものやる気を一番引き出します。**

子どもたちを見ていると、人間は挑戦し、成長する生き物だなぁとつくづく思います。この「ちょいムズ」を自分で設定して乗り越える、ができるようになると、親子ともにとても楽になります。できるまでやればいい、そしてまた次の「ちょいムズ」に挑戦すればいい、という流れができ、子ども自身がひとりでぐんぐん成長します。親は、それを見守り、ときに環境づくりを手伝うのみです。

毎日お世話に追われる幼少期からすると夢のような話ですが、いずれは社会に出て、いろんな試練をひとりで乗り越えなければいけない年齢になります。その日を少し想像して、幼少期から適度な〝ご褒美〟の与え方を考えましょう。

まとめ

- ☑ ご褒美のあげすぎには弊害がある
- ☑ 他人軸でなく、自分軸で挑戦することが成長につながる
- ☑ 〝比べる相手は、昨日の自分〟〝ちょいムズ〟を意識して課題設定を

親子の信頼関係をどう築く？

今度は、もう少し軽めのケースをご紹介しましょう。

よくあるのは、公園からなかなか帰らないとき、どうする？　というお悩みです。


「あと2回やる？　それとも3回してから帰る？　どっちがいい？」

どっちを選んでもいいように選択肢を示すと、子どもは満足します。自分で選ぶ力もつきますよね。

自分で選択する経験を重ねると、小さい子でも責任をもって自分から行動しようとするので、主体性も育まれます。

親子間の〝信頼〟を貯める方法

①「後でね」「今度ね」を守る

大人同士なら約束を守りますよね。子どもだって同じです。「子どもは、私の言ったことをきっと忘れてるから、まあいいか」ではなく、ちゃんと一人の人間として尊重し、親も約束を守りましょう。

②子どもが、細かい配慮、優しさ、思いやりを持って行動した瞬間にほめてあげる

「ちゃんと見ているよ」と伝える意味もあります。小さな事柄であればなお良し。なぜなら、小さな事柄であればあるほど、よく見てくれていると子どもが思うからです。

③ふり返ってほめる

少し年齢があがり、昨日や明日が理解できる子には、時間がたってからも「あのときに○○ちゃんにしてもらったこと、すごくうれしかったよ」と伝えましょう。「お

母さん、見てくれてたんだ！」と、子どもが親を信頼することにつながります。
子どもは親に自分のことを見てほしいときに「お母さん、見て見て！」と思っています。そのときに見てくれるお母さんになら、何歳になってもなんでも話したいと思いますよね。これが〝信頼貯蓄〟の成果です。

まとめ

☑ **親子間の〝信頼〟を貯めるには、親も約束を守り、子どもの行動をきちんとほめよう**

親子間の信頼を貯める方法

①「後でね」「今度ね」を守る

②子どもが、細かい配慮、優しさ、思いやりを持って行動した瞬間にほめる

③ふり返ってほめる

声をかけたとおりに子どもは育つ

〝信頼貯蓄〟なんて、初めてきいたという方も多いと思います。でも、大人同士の信頼関係だって一朝一夕で築けるものではありません。日々の積み重ねによって信頼は築かれますし、たった一言でその信頼関係がガタッと崩れることもあります。

「私と子どもとの信頼関係は大丈夫かな？」と心配するお母さんもいるかもしれませんが、大丈夫。**子どもはお母さんのことが大好きです。**もしお母さんが、「今までたくさん脅しちゃった。あんなこと言わなければよかった」とこの本を読みながら気づいたとしても、次の声かけから変えればリカバリーできます。子育てはいつでも軌道修正できるのです。

自分の子育てを通して実感していますが、子どもって親が声をかけたとおりに真似しますし、育つものです。親がネガティブなことを言っていると、ああ、自分は乱暴する子なんだなと思って、かえって子どもの口癖もそうなります。たとえば、「乱暴をするのをやめなさい」と言うと、乱暴に振る舞いがちになるかもしれません。「いつも忘れ物をするよね」と言い続けると、そこまで忘れ物をする子じゃなかったのに、忘れ物が増えることもあります。

子どもの人格を尊重して意見をきくと、親の話もきいてくれる風通しのよい家族になります。そして子どもに親が寄り添うと、親が落ち込んだときにも同じように寄り添ってくれます。

もちろん、言葉遣いなどはお友達やテレビの影響を受けるケースも多く、その子本来の特質もあります。しかし、本質的な思考のポジティブさやネガティブさは一番近くにいる家族からの影響が大きいです。

「そんなこと言われても私、ネガティブ思考なの！」というお母さんは、どんなことでもちょっと言い換えてプラ転®（一見マイナスな状況を、プラスに転じること）できるコツを身につければ大丈夫です。ネガティブ思考を、前向きに変えることを、わたしは「**プラ転**」と呼んでいます。プラ転は子育てにとっても役立つので、ここで身につけてくださいね。

以下に、関連する言い換え例をあげました。皆さんが子どもについ言ってしまう否定的な一言の〝あるある例〟なのでご安心を。

CASE

子どもがなかなか寝ないとき

△ 例

早く寝ないと
お化けが来るよ。

○ 例

8時までにお布団に入れば、
好きな本を読めるよ。

POINT

子どもに納得感のある説明をしましょう。

CASE

子どもが片づけをしないとき

△ 例

お片づけしないと、
これ、もう捨てちゃうよ。

○ 例

片づけてくれたら、
きれいになって
お母さん助かっちゃう！

POINT

子どもを脅すのではなく、
片づけのポジティブな点を伝えましょう。

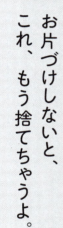

CASE

子どもが親の言うことを聞かないとき❶

△ 例

言うことを聞かないと、お母さん怒るよ！

○ 例

これしてくれたら、お母さん嬉しくて感動しちゃう。

POINT

怒るのではなく、親がポジティブになる状況を示してあげましょう。

CASE

子どもが親の言うことを聞かないとき❷

△ 例

ダメ！
何回言ったらわかるの？

○ 例

「お母さんまだちゃんと教えてなかったね。こうやってやろうね」と、お手本を見せて、一緒にやってみる。

POINT

ＯＫの例を親が示して見せましょう。

状況を〝プラ転〟すると

どうしようもない！　という状況も、良い点や学びを見つけ出そうとすると、プラスに転じることができます。心の中でつぶやいてもいいですし、口に出してもOK。親が、「もうダメだ！」という状況を前に**プラ転する姿を見せると、子どもにもその姿勢は受け継がれます**。

道路で転んでも、過度にめそめそせず、「このぐらいのすり傷でよかった」と、立ち上がれる子になるのです。客観的に見て大変な状況になっても、心が折れずに立ち上がる強さは、生きていくうえで欠かせません。

ネガティブさんのためのプラ転の例

事例　1歳児が靴箱から靴を全部出してしまった

△ **ネガティブ例**「これじゃ、片づけるのが大変じゃない」

◯ **プラ転例**「靴箱を掃除する機会がなかったから、よかった！」

事例 子どもが落ち着きなく、うろうろする

△ **ネガティブ例**「なんで落ち着いて座っていられないの？　おとなしくしててほしいのに」

○ **プラ転例**「うちの子、いろんなことに興味があるってすごい！　好奇心が強いから、気になって探検したくなっちゃうんだ」

事例 子どもがかんしゃくを起こす

△ **ネガティブ例**「なんでかんしゃくを起こすのかな。私の接し方が悪いのかしら」

○ **プラ転例**「この子は、エネルギーが満ちあふれてるんだ。将来、興味のある『これぞ』というものに出会ったらすごいパワーを発揮しそう！」

事例 ブロックを自分が思った通りに積むことができず、悔しがって泣く

△ **ネガティブ例**「いつまでも悔しがって、気持ちを引きずってないで、早く泣きやんでほしい」

◎プラ転例　「それだけ、やりたい気持ちが強いんだね。その気持ちがあれば、自分の力でやりきれるから大丈夫」

事例「帰るよ」と言っても、遊びをやめない

△ネガティブ例　「早く帰って、夕飯の支度をしないといけないのに。イライラする」

◎プラ転例　「そんなに楽しかったんだ！〝好き〟があると幸せだよね」

前向きな気持ちで納得し、次の行動に移るのが一番。皆さんも、怒鳴りたくなる気持ちを横に置き、一呼吸置いて言い換えのコツを真似してみてくださいね。

まとめ

- ☑ 親がネガティブだと子どももネガティブになりがち
- ☑ ポジティブに言い換えして、親子で変化しよう

「プラ転」の例

Before

After

〝ありがとう〟と〝ほめる〟の魔法

いつもは子どもの寝かしつけとともに寝落ちしてしまうのに、今日は目がさえて寝られないタクト君のママ、ゆかさん。

（心の声）
今日は、泣き叫ぶタクトを無理やり連れて帰ってきたけど、あれでよかったのかな？　よその子はわがまま言わずに聞き分けよくしているのに……。

一緒にいたアラタ君も遊びたそうだったけど、ママと話し合って「今回は我慢しとこうか。やりたい気持ちもあるのに、ママの意見もきいてくれてありがとう。ママ助かるよ」って。信じられない……。

タクトに「ありがとう」なんて言ったことないし、ほめるところも見つからない。うちの子、だめなのかな？　いや、私がだめなんだよね？　こんなお母さんでごめん、うちの子でごめんね、タクト。こんなんじゃ、母親失格だよね……。

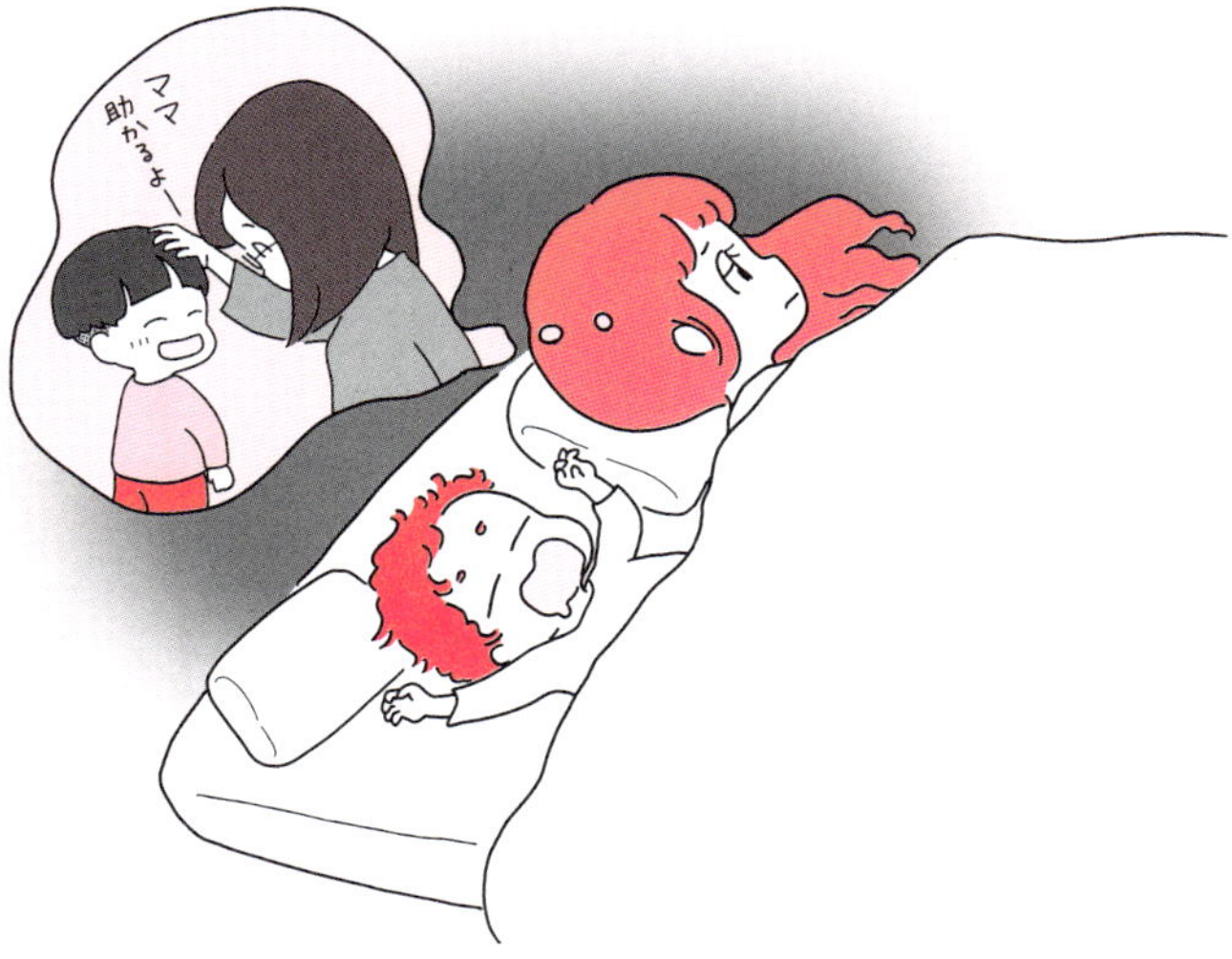

子どもに「ありがとう」を伝える

子どもを怒鳴ってしまい、後で猛反省の自己嫌悪。真剣に育児に取り組んでいるからですよね。でも、どうかそんなに自分を追いつめないでください。

よそのお子さんと比べて、「うちの子は……」と暗くなる方もいますが、それはお母さんがいつも子どもの一番近くにいるから。慣れてしまい、ついわが子の良さを見過ごしてしまいがちなんです。でも他人が客観的に見れば、お子さんの良いところをたくさん発見できるはず。

照れずに「ありがとう」と伝えましょう

子どもに「ありがとう」と言うなんてなんだか照れくさい。家族だし……。

でも、**だからこそちゃんと「ありがとう」「ごめんなさい」は言いましょうね。** 親しき仲にも礼儀ありです。

実際に「ありがとう」と言ってみると、子どもの顔が輝きます。どんなに小さくても誰かの役に立っている、自分は認められた、という喜び。この「ありがとう」は、子どもにとって、のちのち大きな力になります。

子どものほめ方を徐々に覚えていきましょう

「子どもをほめる」に苦手意識を持っている方は、「ほめ方を知らない」からではないでしょうか？　自分が親からほめてもらった経験がないので、そもそもほめ方が分からないというお母さんもいます。

職場なら、上司が部下をどうやってほめるかをわざわざ勉強するくらいですから、ほめ方も学びながら徐々に身につけていけばいいのです。まずはなんでも「いいね！」と言ってみることから始めては？

詳しいコツは第二章でお伝えします。

まとめ

- 子どもに「ありがとう」を伝えると、子どもの喜びにつながる
- ほめるときはまずは「いいね！」から、練習

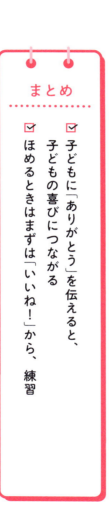

そもそも自己肯定感が高いと何がいいの？

子育てを始めるとあちこちで耳にする「自己肯定感」。ざっくり言うと「**私は私、どんなときも何があっても大丈夫。なんとかなる**」と**思える心**。

「自己肯定感が低いです」とおっしゃる方はたくさんいます。特に、他国の人に比べ日本人の自己肯定感の低さが指摘されています。

こう言うと身も蓋もないですが、自己肯定感が低かったとしても、本人が対処の仕方を知っていれば問題ありません。自己肯定感が低い人は、人より慎重で現状に不安を感じるからこそ危機察知能力が高く、しっかり準備行動をとるとも言えます。子どもでも大人でも、本人の特性としてもともと自己肯定感が低めの人は一定割合存在しますし、世の中のバランスは、こうしていろんな人がいて成り立つのです。

ただ、自己肯定感が高いと〝いろいろと便利〟なんです。つらいことがあっても比較的早く立ち直れますし、過度なストレスに簡単につぶれることなく、基本的に元気でいられることが多いです。また、他者との信頼関係を築きやすく、前向きに人生を送れるので、他人からはどう見えようと何より本人が幸せを感じています。総じて、主体的で満足度の高い人生につながると言えます。

モンテッソーリ教育の視点

自分の人生に満足しているか。

これは大事な視点です。私が学んだモンテッソーリ教育では、自分で物事の始まりと終わりを決め、「これで満足した。もう十分」と自分で自分に満足する練習を繰り返します。練習？　と思われるかもしれませんが、それくらいの価値はあります。幸せや満足は待っていればやってくるものではありません。〝自分の意志で〟満足し、幸せになるものなのんです。

子どもの幸せには「自立」が必要

子どもに幸せな人生を送ってもらいたい。できれば苦労は避けたいけれど、苦労を乗り越えて挑戦もしてほしい。親の思いはさまざまです。でも、**子育ての究極の目的は、親がいなくても子どもが社会でやっていけるようにすること。すなわち、子どもの〝自立〟です。**子どもが成長したら、親は四六時中子どものそばにいてあげられないからです。そして、なるべく社会のためになる人材になればとも思いますが、本人が幸せだと感じるのが一番です。

子どもだけでなく、親の自己肯定感も大事

こう考えると、子育てはもとより世の中で「自己肯定感」が注目される理由もわか

りますね。でも、特にご自身の自己肯定感には、これまでの人生経験やご自身が育った親子関係が反映されますので、くれぐれも「絶対高めよう」と無理はしないでください。

最初は、〝ありのままの自分〟を受け入れるところから始めましょう。この本を読み進めながら子どもへの声かけを工夫していくうちに、気がつけば親自身の自己肯定感も変化していると思いますよ。ファイト！

まとめ

- ☑ 自己肯定感が高いと、何かと便利（笑）
- ☑ まずは〝ありのままの自分〟を受け入れて

自己肯定感の根底にあるのは、理解。子どもを理解することは愛

子どもへの声かけの話をしているうちに、お母さんの心の中に触れることになってきました。

親自身の自己肯定感

私が今まで1万人のお母さんたちと話をして気づいたことのひとつに、「自分の自己肯定感の低さに悩んでいるお母さんが多い」という点があります。そして、そんな自分（母親）が、今度は子どもの自己肯定感を下げてしまうのではないだろうかと心配しているのです。

親は、子育ての仕方を知らない！

子育ては、子どもに向いているようで、実は自分自身と向き合う行為でもあります。

ご自身の幼少期の記憶、たとえばお母さんに振り向いてほしかったこと、早くに亡くなったおじいちゃんにほめられて嬉しかったこと……。さまざまな過去がすべて今のあなたを形作っています。なかには、負の記憶やトラウマに悩んでいる方もいるかもしれません。

子育てには、皆さんの人生経験や価値観が反映されます。基本的に、みんな自分が育てられた経験しか知らないので、自分が育てられたようにわが子を育てがちです。逆に、イヤだったからこそ、真逆の子育てをしてみたいと頑張る方もいます。ここが、「私の子育ては合っているの？　間違っていないのかな？」と悩むポイントになるんです。

子育てで、自分の人生を生き直しましょう！

でも、**子育ての主役は、わが子と現在のあなたです。**昔のあなたではありません。「私はお母さんにこうしてほしかったのに」という思いは、これからやり直せばいいこと。つらかったり、さびしかったという記憶は、これからの親子関係の築き方次第で上書きできます。**妊娠・出産、子育てって、新たな自分を生き直せる、絶好のチャンス**なんですよ！

そのスタート地点として「わが子を正しく理解しているか」を考えてみたいと思います。私の講座で皆さんに「自分が反抗期だったとき、親にしてもらいたかったことは？」と質問してみました。

回答は

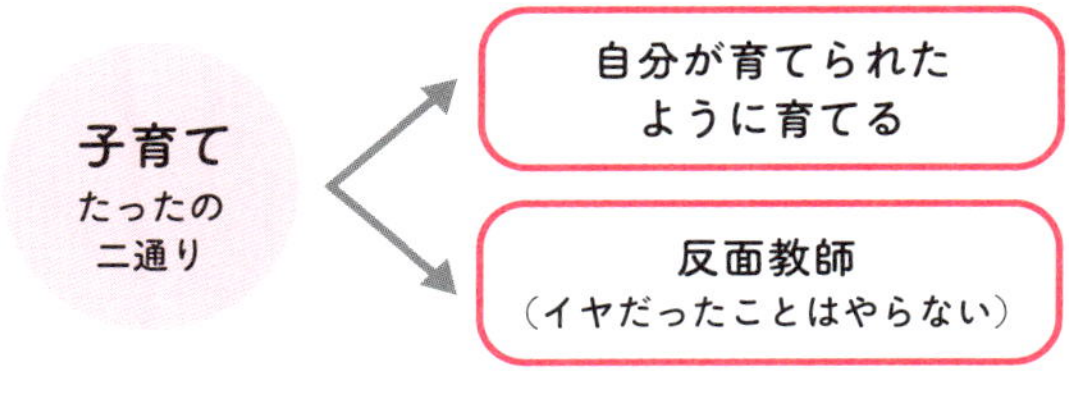
子育て
たったの
二通り
自分が育てられた
ように育てる
反面教師
（イヤだったことはやらない）

1位　話を聞いてほしかった
2位　信じてほしかった
3位　応援してほしかった

これは、裏返すと「親は、自分の話を聞いてくれないし、信じてくれない。応援してくれない」と子どもが感じているということです。すなわち、親は子どもを正しく（子どもが望むとおり）理解できていない、という事実を示しているのではないでしょうか。

思春期や反抗期で、子どもとのコミュニケーションに悩む方も多いのですが、根本には子どもへの理解不足が横たわっている気がします。大きくなって関係がこじれる前に、幼児期から子どもに寄り添い、愛をもって子どもを理解するよう心がけたいですね。

〝キヌサヤ方式〟で子どもの本音を聞き出そう

実は、子どもの本音を聞き出すポイントがあります。それは親子が同じ部屋にいる状態で、ダイニングでキヌサヤの筋を取りながら、さりげなく子どもの話を聞く〝キヌサヤ方式〟。**真正面からだとなかなか本音を話しづらくても、横並びで、何かの作業をしながらだと案外本音を話すことができます。**これは心理学でも言われていること。**ポイントは、いかにも「聞き出すぞ」ではなく、「何気なく聞く」**。心では聞きたくてうずうずしているという雰囲気を、1ミリも出さないように。でも心の中では全力で耳を傾けるようにしましょう。

子「今日、○○ちゃんと学校でけんかしちゃってさー」
親「そうなんだ」
子「なんか、最近感じ悪いんだよね、○○ちゃん」
親「ふーん……」

と、ただ聞く。つい「それ、あなたが悪いんじゃない？」などと言いたくなりますが、ぐっと抑えてあいづちを打ちます。状況を客観的に把握するために「〇〇ちゃんは、何て言ったの」など、確認したい点は聞き返してもいいでしょう。

「ただ聞く」は本当に難しいものです。多くの人が「それは〇〇すべきだよ」「本当は違うよ」など、子どもにアドバイスしたり、言ったことを否定しがちですが、それでは相手は口を閉ざしてしまいます。

それでも一言伝えておきたい場合は次のことを心がけましょう。

① 少し間を置いてから、伝えましょう

後から「お話を聞いてから、ちょっと考えてみたんだけど、〇〇という可能性もあるんじゃないかな？」などと伝えてみること。先ほどのけんかの例なら「もしかしたら、〇〇ちゃんは、最近イライラするようなことがあって、周りの人についきつくあたっちゃうんじゃないかな？」などです。その場ですぐ言いたい気持ちもわかりますが、何事もタイミングが大切です。

② 否定する場合は、相手（子ども）主体ではなく、一般的な話にしましょう。

「世の中では〜」「そういう場合、多くは〜」と、社会の仕組みを教え、情報提供する機会にするのです。いきなり「あなたが悪い」と言われると、気分を害しますし、傷つき、心を閉ざす子もいます。

「あなたの言ったことが、たまたま○○ちゃんに気に入らないことで、怒っているのかもしれないね。自分は何気ないと思っていることでも、傷ついてしまう人もいるんだ。相手の気持ちを想像するのって、難しいね」などの声かけをしてみましょう。

まとめ

- ☑ 自己肯定感の根底にあるのは、子どもへの理解
- ☑ さりげなく、子どもの話を聞く機会を持とう
- ☑ アドバイスは後で、否定的なことは一般的な話として

キヌサヤ方式

- 「何気なく聞く」ことがポイント
- 子どもの話に対して、アドバイスや否定をせず「ただ聞く」

パートナーと子育て方針が合わない問題、チーム家族！　家庭運営の視点

昼間のショッピングモールで、つい5歳の息子を怒鳴ってしまい、自己嫌悪に陥るゆかさん。

子どもを寝かせた後も寝付けず、その日のことを振り返っていると、夫が帰宅しました。

夫「ただいま、あれ、珍しくこの時間まで起きてるんだね」

ゆかさん「うーん。今日、ショッピングモールでタクトを怒鳴ってしまって……」

夫「何があったの？」

ゆかさん「カプセルトイやるまで帰らないって言うから」

夫「数百円だろ？　やらせてやればいいじゃん」

ゆかさん「でも、お友達は我慢したし、きりがないからタクトの教育のためにもって。ずっと動かないから、つい大きな声出したら、泣いちゃったの」

夫「タクトはすぐ泣くからなぁ。男の子なんだし、厳しく言ってやればいいんだよ。今度は俺がびしっと言ってやる」

ゆかさん「でも……」

夫「悩むことじゃないよ、俺なんか親父にボコボコにされてたぜ。がんがん怒鳴られてここまで鍛えられたんだから、むしろ感謝してるよ。世の中は甘くない」

ゆかさん「……」

夫婦間で子育て方針が合わない！

子育てには多くの人が関わります。子どもがさまざまな価値観の人に出会うのは、人生の幅を広げるうえで良いことなのですが、言われた内容に混乱する場合もあります。

私と一緒に学んだ声かけを家で実践しようとしても、パートナー（お父さん）の理解を得られない、と困るご家庭の話もちらほらと聞きます。たとえば、子どもを怒鳴らず話を聞きたいのに、お父さんがすぐにキレて大きな声を出してしまう、などです。

要は、子育て方針が合わない！

ここは、ズバッと解決策を提示します。

必要な場面では、

①先に自分が、子どもに声をかける
②お父さんには黙っていてもらう

本来は、**夫婦で話し合って子育て方針をすり合わせるのが理想ですが、そんな余裕がないときは、とにかくダメージを避けることが先決。**

ジェンダー平等の時代ですが、やはり生物学的に男脳・女脳、父性・母性の間には大きな違いがあります。父性は、子どもに世の中の不条理を教え、自分を律する・誇りを持つように導くもの。一方、母性は、無償の愛で子どもの自己肯定感を育てる役割を担っています。

このような事情のため、男性が母性寄りの声かけをするのは、結構ハードルが高いことをまず理解しましょう。でも最近、私の勉強会にも男性が参加するケースが多いので、皆さんの意識も変わりつつあります。

声かけをすぐに身につける方もいれば、不得意なタイプもいます。お父さんが小さい子どもへの声かけが苦手だなという場合は、ぐっと我慢。お母さんが余裕をもって子どもに接する時間を作るために、家事を担当してもらっては？　子どもが大きくなって、身体を動かすとき、世の中の不条理にぶちあたるときなどに、父性の真価が発揮されますから。

お父さんを理解するには

たとえ、夫婦間で子育て方針が合わなくても、双方が子どものためを思って行動していることに変わりはありません。「どうして、そんなこと言うの？」と感情のままやり合うのはやめて、根本に立ち戻り、なぜお父さんが子どもを叱るのか、を考えてみてはどうでしょうか。**その人が怒るポイントは、実はその人が大切にしている価値観や正義**なのです。

もともと異なる環境で育った者同士が集まり、夫婦になり、〝家族〟というチームを築きます。考え方は違って当然、ぶつかることもありますが、折り合いをつけながら進めばいいのです。子育ては、互いに理解を深める良い機会。思いきって話し合えば、「こんなとき、相手はどう対応するのか？　何を大切にしているのか？」を知る手掛かりがつかめます。

たとえば、片づけられない子どもを厳しく叱るお父さん。きっと、「整理整頓されている状態」に重きを置いているのでしょう。チーム〝家族〟なら、その「家の中はきれいであるべき」という価値観をおざなりにしてはいられません。心穏やかに日々を過ごすためにも、お父さんの思いを尊重し、子どもと片づけを頑張ってみるのもひとつの手です。

このとき、子どもには「お父さんに怒られるから」ではなく、「お父さんは、きれいなおうちが好きだから、片づけておこうね」と呼びかけましょう。そして、「片づいている」「きれい」とはどういう状態なのか、きれいな部屋の完成形を子どもに先に見せておくとスムーズです。**自分の価値観が尊重されているとわかれば、お父さんも歩み寄ってくれるはずです。**

お父さんの関わり方

- 夫婦間で子育て方針に違いがある場合、子どもに声をかけるときは、お母さんが先に
- お父さんには黙っていてもらう

まとめ

☑ 父性の良さ、母性の良さを活かした子育てを

☑ 夫婦で子育て方針が合わない場合は、自分主体で声かけも

☑ 相手が怒るのは、それを正義だと信じているから。相手の思いを尊重しよう

家族はチーム、声に出して伝えよう

先ほどは夫婦で子育て方針が違うとき、どうする？　という問題に触れました。でもね、みんな違う育ち方をしてきた、別々の人間なんです。違って当たり前。

お父さんも「何かやりたい」「子どものために」とすごく考えて、模索しているはず。そんなときは、お父さんへの声かけ（！）にもちょっと工夫してみましょう。

子どもへの声かけが不安なら、お父さんには家事で力を貸してほしい。そんなときは**お父さんを〝ヒーロー〟と呼んで、お願いするのもありです。**

事例 家事が手一杯で、お父さんの手助けが欲しいとき

NG例 「手が空いてるなら、やってよ」

OK例 「今、困ってる」「あなたが頼りなの」「あなたじゃないとできないの」

OK例を見るとわかるとおり、こうお願いされた方が、お父さんのやる気がアップします。これは、子どもが成長してお手伝いをお願いするときにも使えるワザです。

事例 お父さんに一言言いたいとき

NG例 「私のこと言わなくてもわかるでしょ？」「夫婦なんだから察してよ」「もう、わかってくれないから言いたくない」

OK例 「○○をしてほしい」「○○をしてくれたら嬉しい」

子どもに丁寧に説明するのと同じように、正しく伝えましょう。

つい「それぐらい察してほしい」と考えてしまうときもありますが、言わないと相手には伝わりません。めんどうかもしれませんが、ちゃんと言葉にしましょう。

家族はチーム！

言葉にするって、本当に大切なんです。私は、「家族はチーム」だと考えています。チームの中で、お母さんが育児や家事を主に担っているなら、お母さんは「チーム運営する人」。だから、厳しい言い方をすると、**お母さんが家族の様子を見つつ、ぶれずに、的確な指示を出すのが理想**です。

共働きで育児も家事も半々なら、夫婦それぞれが運営者として「打ち合わせ」「会議」をして意思疎通をはかる、くらいの気持ちでいましょう。なんだか仕事みたいだけど、たまには夫婦で真剣に話し合ってもいいと思いますよ。

子どもが主張できる年頃になれば、子どもも交えて「家族会議」をみんなで開く家庭もあり、教育効果が高いんですって。その前段階としても是非、話し合いの習慣を。これは幼児期からの積み重ねです。

家族だから頼って甘えることもありますが、**「親しき仲にも礼儀あり」**で、相手を思いやって過ごせればいいですね。まだお子さんが小さいうちに、そんな雰囲気を作っておきましょうね。あとあと効いてきますよ。

まとめ

- ☑ **家族はチーム**
- ☑ **親しき仲だからこそ、言葉に出して伝え合おう**

お父さんの手助けが欲しいときの声かけ例

Before

After

- お父さんを“ヒーロー”として、お願いするのもアリ！

Column

成長ステージ別の悩みと声かけの意味

0～6歳期とその後の成長

子育て中には、いくつか越えなければならない山があります。0～6歳期で代表的なのが「イヤイヤ期」。ここをうまく乗り切ると、後の子育てがぐっと楽になります。私の開催する講座には、「イヤイヤ期」に悩むお母さんたちが、声かけを学びに来られます。**〝今〟を乗り切るための声かけを学ぶと、親子の信頼関係が育まれ、子どもの自己肯定感や主体性が増します。**結果、後にやってくる「思春期」「反抗期」で役に立つのです。そして子どもは自立へ。

私が勉強しているモンテッソーリ教育では、**子どもを「やり方を知らない小さな人」と呼びます**が、そのとおりです。やり方を学び、子どもにやり方を教えたらいいのです。どんなに小さくても未熟であろうとも人格を尊重したい、と心がけています。

成長ステージについて

有名な「イヤイヤ期」「思春期」以外にも、じつは3歳半～5歳半で「めんどうくさい期」がやってきます。どれも成長過程で起きる当たり前の現象なんです。

簡単に各期のメカニズムを説明します。

①イヤイヤ期（0歳～3歳）

第一次自立伸長期。子どもがはじめて自己主張をして、本能的に「やりたい」を言い出す時期。育児書では2歳くらいだとされていますが、私は0歳だって「イヤ」だと思っているはず、という考えで、あえて0歳から始まっているとお伝えしています。

②めんどうくさい期（3歳半～5歳半）

「ママ、やってー」が続出。役割を与えるなど、子どもの知性や自我に働きかけて意識を変えていくフェーズ。

③ 中間反抗期（8歳～10歳）

成長に伴い、言葉や心の発達が進み、また、子ども同士のコミュニケーションはより複雑になっていきます。友達との関係を深めていくなかで、大きく自立が進む第二次自立伸長期にあたります。

また、徐々に家族より友人に重きが移行していきますが、友人関係においては、我慢したり、衝突したりすることも起こり、小さいときとは違う悩みが出てくることもある時期です。

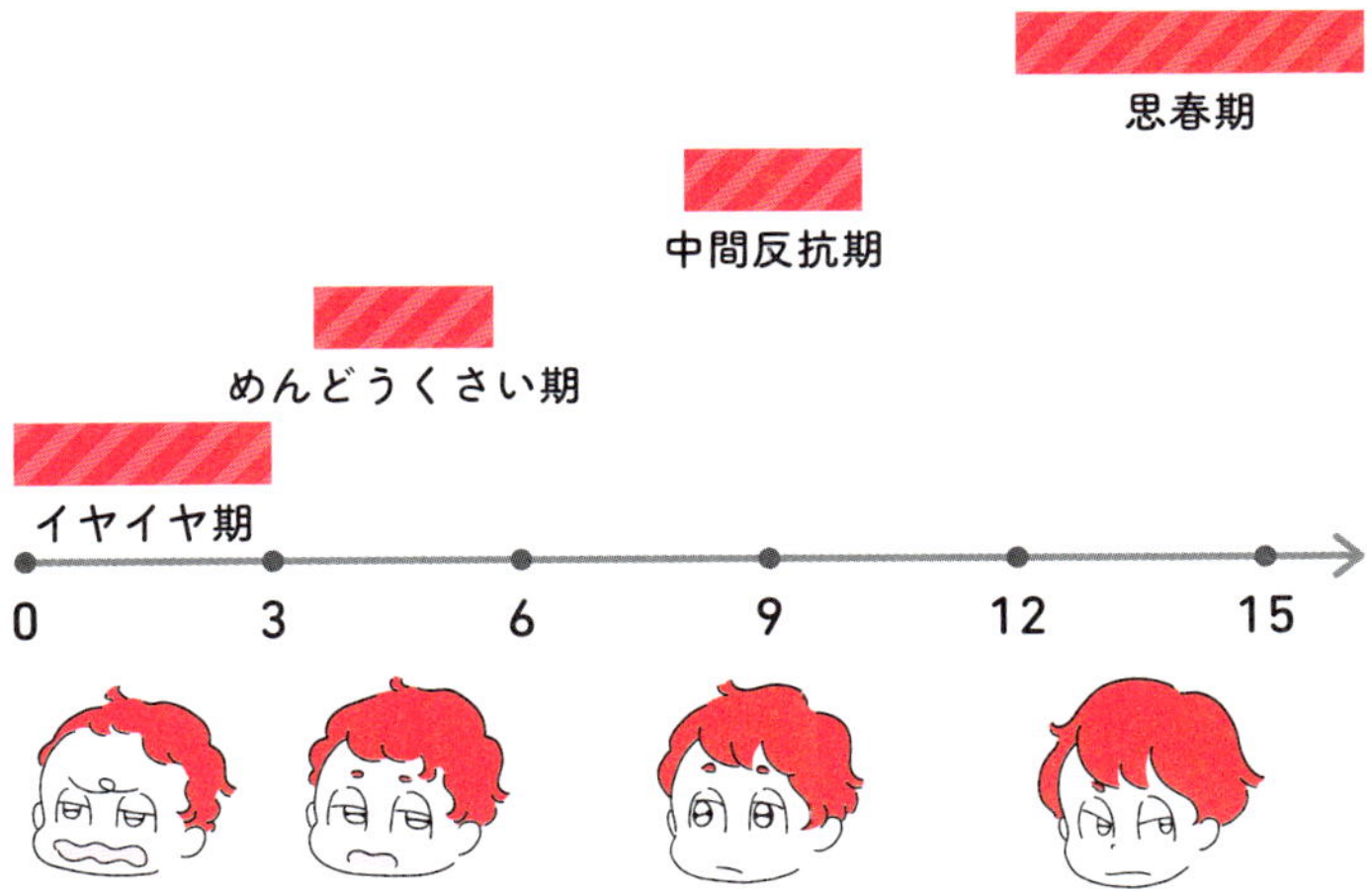

④思春期（12歳～16歳）

親から自立する時期。

「こんなの聞いてないよー」「子育て、ずっと大変じゃないか！」という声もあがりそうですが、メカニズムを知り、対処方法を把握すれば、少しは気が楽になりませんか。まずは、目の前の子どもとの時間を味わいましょう。年齢はあくまでも大体の目安と考えてください。

第二章

自己肯定感を
あげる声かけ

叱り方を見直そう。「ダメ」だけで終わらせてない？

ゆかさんは夕飯の支度中。ふと見ると、リビングで5歳のタクト君がゆかさんのスマートフォンを操作しています。

「こらっ、タクト、だめでしょ！　ママのスマホ勝手に触らないで！」

無視するタクト君。

「タクト、やめてってば！」

力ずくで、スマートフォンをとりあげるゆかさん。

泣いて怒り出すタクト君。

「うえーんっ、ママのいじわるー！　タクトもスマホやりたい！　ママだけズルいー！」

叱るときは、理由をしっかりと伝える

そうそう、ママの持ち物、特にスマートフォンは子どもにとって大変魅力的ですよね。タクト君の気持ちはよくわかります。でも、人のものを勝手に使うのは、いくら親子間でもNG。5歳なら理解できますよね。

さて、夕飯の準備で忙しいゆかさんは、「ダメ」とスマートフォンをとりあげ、タクト君は大泣きしてしまいました。

うーん、どうすればよかったのでしょうか？　10秒ほど目を閉じて皆さんも考えてみてください。

1、2、3……10。

正しい叱り方

まずは、ママが「やめてほしい」「イヤだと思っている」ことを伝えます。でも、それだけでは子どもは同じことを繰り返します。

この場合は、「使いたいなら、教えて」「ママのスマホだから、きちんと『貸して』と言って」と伝えるべきですね。その先に、「時間を決めて使おう。ママが料理する間だけね」「椅子に座って使ってね」などと、約束をするのもいいでしょう。

「ダメ」だと伝えるだけで、「どうすればよかったのか」と次につながる正解を伝えるまではできない人もいるかと思います。時間の余裕がない、そこまで考えられないなど理由はありますが、これはもったいない！

なぜなら、行動範囲が広がり、お友達と同じような場面を経験するときに、どう行動すればよいのかを教える絶好の機会だからです。

Will Wordを使いこなそう

ここで大切なのが、**その子の意志に対してもちゃんと応える、そして、子どもの意志を尊重することを前提として、親の意志をきちんと伝えること。**子どもをコントロールする言葉ではなく、叱る原則に基づく言葉です。私の講座では〝Will Word〟と呼んでいます。「ここではできないけど、〇〇ちゃんのやりたいジャンプはここのマットの上ならできるよ」などのように、その子の意志を尊重して伝えると、本人は「お母さんは、ちゃんと向き合ってくれている。だから自分も自分の意志を持っていいんだ」と考えられるようになりますし、コミュニケーション能力もあがります。

子どもに教えるには、まずお母さんが彼ら・彼女らの意志にも応えましょう。そうすれば、〝意志〟は尊重するもの、されるものだと子どもも学びます。

言葉を選べば、2歳児でも伝わります。もし一度で伝わらなければ、また次の機会に〝正解〟を伝えます。こうして、子どもは言葉を覚え、同時に社会での振る舞い方を身につけます。Will Wordを使った声かけ例を紹介します。

CASE

子どもが道路を走ろうとしているとき

×

例

走っちゃダメ
歩きましょう。

○

例

ここは歩きます。
走っていいのは公園です。

POINT

危ない場所ではなく、安全な場所なら走っていいのです。走ってもいい、具体的な場所を示しましょう。

CASE

泥遊びをした手で何かを触ろうとしているとき

× 例

ダメ！ 触らないで。
汚くなるでしょ。

○ 例

これ、ここまでなら
触っていいよ。

POINT

頭ごなしに叱るのではなく、
どこまでならいいかを具体的に示しましょう。

CASE

子どもに何かを教えるとき

✕ 例

こんなこともわからないの？

○ 例

こことここは、できているね。
じゃあここのやり方を
教えるからやってみようね。

POINT

できていることに着目して声かけしましょう。

CASE

子どもがおもちゃを投げて遊んでいるとき

✕ 例

リビングでおもちゃを投げちゃダメ！

○ 例

お布団の上で、このボールなら投げていいよ。

POINT

ＯＫな場所などを具体的に示しましょう。

CASE

子どもが箸で食器をたたいているとき

✕ 例

お箸で、食器をたたかないの！

○ 例

（ステンレスのボウルなどたたいて良い食器を用意して）

これなら壊れないから、たたいていいよ。でも、夜8時までね。

POINT

OKなものなどを具体的に示しましょう。

子どもが道路を走ろうとしているとき

Before

After

まとめ

- ☑ 子どもの意志も、親の意志も大切に
- ☑ 「ダメ」だけでなく、正解も伝えよう

〝ほめる〟の魔法をパワーアップ

「叱る」について考えてみたので、今度は「ほめる」についてのお話です。第一章では、「ほめられない人は、まず『いいね』から試してね」と言いました。

今回は、その一歩先のお話です。

とりあえずほめる、を見直そう

最近は、ほめる育児が大事と言われているので
「すごいね」
「できたね」

と、とりあえずほめているお母さん、いませんか？

じつは、このほめ方はおすすめできません。なぜかというと、ほめる時はほめ方が一番重要だからです。

「えらいね」「すごいね」となんでもほめ続けると、子どもは「ほめられること」が当たり前になり、ほめられても感動しなくなる可能性もあります。

ほめるときに気をつけたいのは、次の二つのポイントです。

① 何がすごいのかを、具体的にほめる

② 誰がどのくらいすごいのか、ありのままをほめる

CASE

着替えのとき

△例

いい子だね。

○例

小さいボタン
上手にとめたね！

POINT

何がすごいのかを、
ありのままに具体的にほめましょう。

CASE

子どもにかわいいと伝えたいとき

△ 例

かわいいね。

○ 例

〇〇はクルクルの髪がかわいいよね。

POINT

わが子を観察して、何がかわいいのかを、具体的にほめましょう。

CASE

保育園に行く準備をするとき

△例

早いね。

○例

○○の保育園のお支度早くて、びっくりしちゃった。

POINT

わが子を観察して、何がすごいのかを、具体的にほめましょう。

ほめるときは、子どもをしっかり観察！

ほんの小さなことでいいんです。毎日、つま先から頭の先まで細かく観察して、子どものありのままをほめてください。このほめ方を意識するだけでも、子どもを観察するくせがつき、お母さん自身が子どものやりたいことに気がつきやすくなります。

これで、わけがわからないかんしゃくが減り、育児が楽しくなりますよ。

お母さんは、わが子をほめるプロ。自信をもってどんどんほめてあげてください！

まとめ

☑「すごいね」「えらいね」ではなく、ほめるときは、〝具体的に〟〝ありのままに〟

ほめるときは、子どもをしっかり観察

Before

After

「子どもの意志を尊重する」って？

子どもを丁寧に観察し、耳を傾ける。間違ったときは、どうしたらよいかまで教える。すると、子どもは主体的に生きるようになります。主体的になると、自分で考えて動いてくれるから親は楽ですよ。自立への第一歩です。

子どもの意志を汲まない声かけになっていませんか？

同時に、年齢が上がるにつれ、自分自身の意志をはっきり示すようになります。親としては「会話ができる」と手ごたえを感じる反面、「イヤだと言われてしまう」と戸惑う場面も増えます。

そんなときに、子どもの思いや意志をくまず、赤ちゃん時代の延長で親が勝手に決め、頭ごなしに命令すると「イヤーーー!」がさく裂します。
どんなに幼くても、子どもの意志を尊重したいところです。とはいえ、まだものを知らない、経験が浅いうちは、突拍子もないことを言い出すことも。

判断に迷ったら、この三原則を思い出しましょう。

親が介入し、叱るときの三原則

①命の危険にかかわるとき

②人に迷惑をかけるとき

③人が見て不快に思われるとき

ここを取り違えると、子どもが怪我をしたり、周りとトラブルになったりして大変。
また、あまりにも子どものやりたい放題に合わせて親が我慢をすると、子どもはわがままになってしまいます。

小さいときは、「ママのものは僕のもの」で、ママのお菓子まで当たり前に食べてしまったり、人に分けることができなくても仕方ありません。でも、**言葉で伝えてわかる年頃になれば、きちんと「ママと半分こ、しようね」「お友達と分けようね」と教えてあげて。そうすれば、家から外に出たとき、**素敵な親子だなと受け取られます。

子どもにすべて与え、親が我慢するのを〝愛情〟〝尊重〟だと考える方がいれば、それは違います。イヤなときはお母さんだって、子どものお願いを断っていいのです。

まとめ

- ☑ 子どもの意志を尊重するのは大切。親が我慢をすればいいというわけではない！
- ☑ 危険、迷惑、不快は親が介入して、正しく叱ること

成長ステージ別大原則①

0〜3歳これだけはやっちゃだめ

ここで、年齢別にこれだけは気を付けてほしいポイントをまとめます。

赤ちゃんを迎えて、いきなり育児が始まる大忙しの0〜3歳。お世話だけでやることと満載なので、これだけはやらないで！　というポイントを3つお伝えします。

① 感情で叱る

0〜3歳は自己肯定感をぐーんと上げる時期なので、成功体験だけで十分です。失敗も、叱ることもいりません。だから、どうやって叱らずに済むか、環境を整えて考えてあげることが大切です。

たとえば、子どもが家の中でいつもどこかに登ってつい親が叱ってしまうなら、登っていいところを登らせればいいだけ。無意識で同じ所に登るなら、そこは環境を見直し家具の配置を変更したらいいだけです。お母さんの工夫のしどころです。

② やりたいことをやらせない

0〜3歳はなんでもやりたい爆発期。ここで子どものやりたいことを思いっきりやらせないと、いつもやらせてもらえないと思ってしまい、中間反抗期以降子どもが自発的にやりたいという気持ちが薄れて、あとあとお母さんが苦労することになります。

③ 集中力を妨げる

熱中しているときに横から声をかけるのはNG。たとえば、塗り絵をしているとき、よかれと思って「この赤色はりんごの赤だね」「丸いのはボールと一緒だね」と、教育ママになっていませんか？　これをやると子どもの集中力がなくなってしまいます。この時期に、子どもは集中する練習をしているのです。

そして、最後まで集中してやることで、やりきった！　やり抜いた！　の経験を積んでいるのです。

まとめ

☑ 0～3歳でやっちゃだめなのは、感情で叱る、やりたいことをやらせない、集中力を妨げる

成長ステージ別大原則②

イヤイヤ期っていつ叱ればいいの？ 叱るときの3原則

イヤイヤ期は、子どもの「やりたい」を尊重して、共感することが大切。これが基本ですが、じつはなんでもかんでも共感しなくていいんですよ。

まず、共感したほうがいいときは

①悲しいとき
②嬉しいとき
③さびしいとき

です。

自己肯定感をあげるために、3歳までは共感したほうがいいのですが、共感せずに、叱らないといけない場合もあります。

復習になりますが、先ほどあげた三原則で考えてみましょう。

親が介入し、叱るときの三原則

① 命の危険にかかわるとき
② 人に迷惑をかけるとき
③ 人が見て不快に思われるとき

では、これはどうでしょうか？

A：ショッピングモールの通路で、床に転がってイヤイヤ・バタバタ。
B：児童館（子どもの遊び場）で、床に転がってイヤイヤ・バタバタ。

Aは、商業施設では迷惑だし、いろんな人がいる場所では不快に思う人もいるでしょう。叱る場面です。

Bは、子どもが多く、子どもへの理解が期待できる場所です。ほかの人の利用を妨げるほど暴れたり、うるさいのはダメですが、多少はあたたかく見守っていいと思います。

この判断はとても重要です。**社会で生きていくうえでは、人に迷惑をかけたり命に関わることは叱らないと、社会に適応できませんよね。だから、淡々と、まっすぐ叱っていい**んです。

たとえば、道路にふらふら出て行っちゃうなら、必死に止めて「○○ちゃんが死んだら困る、お母さんが悲しくなる」と真剣に伝えればいいんです。

真剣さが伝われば

- 子どももやってはいけないと理解する
- 愛されていることが分かる

ので、信頼関係が生まれます。

親は、〝叱る軸〟をしっかりもてば、共感するとき・共感せずに叱るときの判断ができて、楽になりますよ。

まとめ

- ☑ イヤイヤ期での子どもへの尊重と共感は大切だけど、叱る軸をしっかりもとう
- ☑ 叱るときは、命の危険に関わるとき・人に迷惑をかけるとき・人から不快に思われるとき

イヤイヤ期にきく魔法の声かけ

多くのママが最初に悩むのが、わが子のイヤイヤ期。一般的には2歳くらいからとされていますが、私は0歳でも「イヤ」という意志はあると思っています。最初は〝反応〟に近いかもしれませんが、言葉を身につければ当然、イエス／ノーを言うようになります。

「子どもにイヤって言われた、どうしよう！」ではなく、「イヤと言えるようになったのね、成長だね」と受けとめられるといいですね。以下の対応をふまえて「来た来た〜」と待ち構えるくらいでいると気が楽ですよ。

イヤイヤ期にきく魔法の声かけのルール

①声のトーンを一本調子にしない。コソコソと耳元で言ったり、高い声、低い声を使い分けて

②子どもがかんしゃくを起こしてパニックになっているときは、解決しようとせず、まず様子を見る

話を聞けないようなら、子どもの安全を確保して、落ち着くまで待つ。落ち着いたら、背中に手を当ててさすったり、背中をトントンして、子どもの意識を呼び戻す。

③子どもの目線に合わせて自分がしゃがみ、両腕を触りながら「大丈夫だよ」という気持ちで話しかける

次のページからイヤイヤ期に効果的な声かけ事例を紹介します。

CASE

保育園行きたくない！
（保育園に着いて）ママと離れたくない！

△ 例

ごめんね。
お母さん仕事なの。
早く迎えに行くから許してね

○ 例

▼ ○○が保育園に行ってくれるおかげでお母さんお仕事頑張れる、ありがとう。あとで会えるのをすっごく楽しみにしてるね

▼ 保育園にお宝忍ばせといたんだよねー。見つけられるかな？？？見つけたら今日帰ってから、教えてね！　楽しみにしてるね！

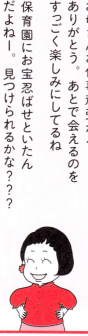

CASE

着替えたくない！

△例

いいから着替えなさい！

○例

▼誰が早く着替えられるか競争だよ～！

▼今日はどっちの服が着たい？

POINT

好きな服を選ばせるのも効果的です。

CASE

お風呂入りたくない

△例

早く、もういいから、
いい加減に
お風呂入りなさい！

○例

今日のお風呂はどっちの
おもちゃで遊びたい？

（風呂バッグを用意して、
お風呂に行くお支度を腕にぶら下げて）
肌着一枚！　オムツ一枚！　タオル一枚！
おもちゃで遊びたい？

POINT

お買い物ごっこのようにして、
お風呂場まで行ってみましょう。

CASE

手をつなぎたくない！

△例

ダメ！
ここは手をつなぐよ！
危ない！

○例

道路を歩くときは、
手をつなぐよ。ここなら、
手をつながなくていいよ。

POINT

危ない場所では安全を優先。OKなときとNGのときを具体的に示しましょう。

CASE

テレビをずっと観ていたい！

△ 例

ダメ！
今日はもう終わり！

○ 例

〇〇番組ひとつならいいよ。
（終わったら）はい、おしまい！
次これやってみる？

POINT

楽しいことを用意して、テレビを消して一緒に遊びましょう。約束なので、子どもがテレビを観たいと泣いても、ルールを守ること。

CASE

公園から帰りたくない!

△ 例

早く帰るよ!

○ 例

▼ あと○回遊んだら帰ろうね

▼ これで、最後だよ。
2回と3回どっちがいい?

POINT

出かける前に先にお約束しておくと、すんなり帰るようになりますよ。

CASE

（電車の中で大きな声で）おしゃべりしたい！

△ 例

静かにしなさい！

○ 例

アリさんのお声で話そうね

POINT

コソコソ声で話しかける。

CASE

靴履きたくない！

△例

いいから早く靴履きなさい！

○例

今日は特別にお母さんが履かせますが、かかとトントン担当は○○君でーす！
2回と3回どっちがいい？

POINT

保育園などで自分で履けるなら、どうしても時間がないというときはお母さんが履かせてしまってもいいと思いますよ。

「靴履きたくない！」の例では、ほかにこんな声かけもいいですよ。

OK例1

（片方履かせるなど部分的に手伝いながら）

お母さん右側履かせるから、〇〇君、左側ね。

OK例2

（親ができないふりをして）

おかしいなぁ、お母さん今日は、お靴のテープが上手にとめられないなぁ……

あれ？　どうしよう？

試してみてくださいね。

まとめ

☑ **イヤイヤ期は、声の抑揚をつける、ボディタッチをする、目線を合わす、で話しかけて**

3歳半～5歳半の「めんどうくさい期」は大チャンス

イヤイヤ期から抜けつつあるなぁ、あーよかった。ほっと一息つきたいところですが、3歳半～5歳半にかけて「めんどうくさい期」が訪れます。「きいてないよ！」という方がほとんどですが、これは本当。じつは、この「めんどうくさい期」に困って、講座を受けに来られる方も多いんです。

なぜ、子どもはめんどうくさがるのでしょうか？

それは、子どもが成長し、新たなステージに入ったからです。これまでの環境のままでは刺激が足りず、子どもは飽きてしまうんですね。**脳が成長し、知性が身についている証拠**です。

この時期のコツは、子どもが取り組んでいることについてちょっとハードルをあげたり、少し難しめの役割や小さな試練を与えて、知的好奇心を刺激し、達成感を感じさせること。裏返せば、**子どもの知性を磨く絶好のチャンスが到来！**

たとえば、家では末っ子だけど、週末、一家でのハイキングのリーダーに任命して、コースを決めてもらったり、「リーダー、お願いします！」って頼ってみる。すると、子どもが「わたし、できるんだ」「皆の役に立てた！」と自信がつき、自己肯定感もあがります。

それに、「めんどうくさい」はすごいんですよ。**「めんどうくさい」は「発明の母」**でもあるのです。たとえば、誰かが建物を階段で上るときに「めんどうくさい！」と思ったから、エレベーターが発明されたわけ。「めんどうくさい」は人類の進化、文明発展の原動力なんです。

みんなの「めんどう」を解決しながら、世の中を変えていく。これって社会課題の解決や、起業家精神にもつながると思いませんか？

「めんどう」をそのままにしておくと、〝人生の焦げ〟になってしまいます。焦げというのは、何かがあったときに「めんどうくさい」という理由で考えることをあきらめ、創意工夫も何もしなくなるということ。成長のない生き方になるということです。でも、解決しようとすれば新たな発明や知恵が生まれます。

それに、幼児期にめんどうくさい期がないと、小学校高学年になり問題が生じる可能性もあります。子どもの「めんどうくさい」は大きな進化の可能性を秘めている、と信じてあげてくださいね。

まとめ

☑ めんどうくさい期は、子どもの知性が伸びる大チャンス

☑ あってよかった「めんどうくさい」！

子どもに少し難しめの役割や小さな試練を与える

● ハイキングのリーダーに任命。
子どもが「皆の役にたてた！」と自信がつきます。

小さな試練を乗り越え、一生幸せになる秘訣

めんどうくさい期に差しかかると、責任感も芽生え、自分なりに小さな試練を乗り越えられるようになります。試練は成長のチャンスです！

失敗を知らずに大きくなり、後で回復不能なほど落ち込んで、立ち上がれなくなるよりは、小さな試練を重ね、ときには親や周囲に助けてもらいながら、竹のようなしなやかさを徐々に身につけていくほうが、長い目で見ると吉です。

ここは、なんでも子どものやりたい放題が許されるのではなく、「やりたい。でも、ルールは守らなきゃ」「ほしい。でも今は我慢しなければ」と、〝やりたい〟や〝自由〟には、〝責任〟や〝我慢〟が伴うことを少しずつ教え始めるタイミングです。

これまでは、おうちで何かができなくてもすぐ親が助けてあげた。でも、これからはしばらく本人にまかせてみる。お友達と言い争いをしているけれど、泣いたり手が出るまでは、親も我慢して見守る。こんな小さな経験からでいいのです。

いずれ、子どもは親の目の届かないところで、自力で頑張らなければなりません。つい手を差しのべたくなるところを、親もぐっと我慢。見ぬふりしながら、しっかり子どもを見守りましょうね。

まとめ

- ☑ めんどうくさい期は、子どもに我慢と責任を教え始めるタイミング
- ☑ 親は見守る練習を

Column

子どもを怒鳴り続けていると……

「もういい加減にして！」

「前も言ったでしょ！」

何度も同じことを繰り返されると、つい子どもに大声で怒鳴ってしまうことってありますよね。でも、こうやって怒鳴り続けると

①自己肯定感が低くなる

②キレやすい子になる

③話し合いで解決できなくなる

こんな風に育つ可能性があります。だから、子どもを怒鳴るのはＮＧです。

怒鳴らずに叱るポイント

「怒鳴る前に、一呼吸置くこと」

感情的に叱っても、子どもにはほとんど効果がありません。まずは自分を落ち着かせましょう。

もし怒鳴ってしまったら

「1回怒鳴ったら、4回ほめる」を自分に課してみましょう。

親も人間だから、怒鳴ってしまう。それでOK。だけど**怒鳴った後で、ほめることを忘れないでくださいね。ちゃんと取り戻せるから大丈夫です**よ。

まとめ

- 子どもを怒鳴り続けると自己肯定感が低くなる可能性が
- 親は、まず一呼吸置いて感情を落ち着かせよう

第三章

アタエナー育児・アタエナー教育®

子どもになんでも与えすぎてない？

友達と公園で遊ぶ、5歳のタクト君。

タクト君「ママー、帰りたい」

ゆかさん「どうして？　まだ20分しかたってないよ」

タクト君「つまらない。公園、飽きた。おうちでテレビ観たい！」

ゆかさん「そんな……。お友達と遊ぶ方が楽しいでしょう？」

タクト君　「つまらなーーい！
帰りたい！」

子どもの「つまらない」にどう向き合う？

「帰ろう」と言っても、帰らない。
「遊ぼう」と言えば、「帰りたい」。

親の気持ちに反した言葉を子どもが言うのは、〝育児あるある〟ですが、今回のような子どもの「つまらない」には戸惑いますよね。これは、今までどおりでは刺激が足りず、面白くないから、つまらない。つまらないから、遊びたくないんです。

子どもはもともと遊びの天才。工夫すれば、遊びを創造できるんです。

子どもに「つまらない」「飽きた」と言われて、公園で動画を観せる人がいますが、もったいない。遊具がなくても、鬼ごっこができます。走れなくても、地面に絵を描けます。年齢が違ってルールを守れない子がいたら、家族や幼稚園・保育園ごっこもできます。

木の枝一本、小石ひとつから想像が広がり、「この宝物を守るために、闘うぞ〜」と言い出し、一致団結して謎の帝国に立ち向かう、なんてことも。

ゲームや動画も、遊ぶ時間や遊び方を約束できればいいのですが、毎回すぐに与えると、子どもが自分で考える時間を奪うことになります。ないから工夫する、ないから創造するチャンスなんですよ。

遊びの工夫をすることのメリット

幼い頃に養った主体性、創造性は、大きくなって自主学習にも活きてきます。**分か**

らないから調べる、難しいからこそ調べるという姿勢につながるんですね。

すでにあるものを真似したり、使うのではなく、新しいものを創造したり、自分でテーマを設定して掘り下げる力はこれからの世界に欠かせません。

ゲームや動画を与えると子どもは喜びますが、将来の姿を思い描いて、少し立ちどまる時間をもちませんか？

大切なのは、ゲームでもお菓子でも与える前に親が考えること。

ほしいものをすぐになんでも子どもに与えていいのかな？

ここはいったん待って、子どもに考えさせよう、と立ちどまること。

これは、親が環境づくりを頑張るところ。

なんとなく言われるがまま、子どもの要求に応じるだけでは、子どもの自主性はなかなか育ちません。

なんでも手に入る時代だから、あえて「与えすぎない」はすごく大事。私は、これを「アタエナー育児・アタエナー教育」と呼んでいます。

まとめ

- ☑ なんでも与えすぎると、子どもの自主性・創造性がなかなか育たない
- ☑ 創造性はこれからを生き抜く力になる

与えすぎないための声かけ

おもちゃやお菓子も、与えすぎないのがコツ。なんでも買ってもらえるのが、子どもにとって幸せだとは限りません。

子どもの「お菓子食べたい」が止まらないときは、量を少なくしてルールを決めればいいですね。このとき、ご褒美としてお菓子をあげると際限がなくなるので、注意が必要です。子どもと一緒に、お菓子の包みをはずしたり、並べたりすること。崩れやすいお菓子の包みをそーっと開けること。お菓子の箱を開けること。いずれも、手加減が必要なことです。手先を動かすことが、知育につながります。知育になるお菓子を導入するのも良いアイディア。

でも、目の前で子どもが「ほしい！」と泣いたり、怒り出すと、本当にまいっちゃいますよね。そんなときは、これを試してみてください。

実践編1 お菓子

ステップ1：お菓子を際限なく与えるのではなく、新しいお菓子ルールを決めること

量・タイミングなど、まずは何かひとつルールを決めましょう。

お菓子ルール

- **ご飯を食べたらおひとつどうぞ**
- **ご飯前は食べない**
- **ジュースは、いいことがあったとき。特別なときだけ**
- **ご飯を食べたら、お菓子ボックスから自分で一個選べる**
- **お菓子ボックスを作って、普段は手の届かないところに置いておく**

ステップ2：ルールを浸透させよう

「お菓子ルールを作りましたー！」と、明るく楽しく伝えるのがポイント。
でも、もし、すでにお菓子漬けになっているなら……。

最終手段：どうしてもお菓子をやめられない子には

- **「ご飯は必ず食べようね」**
- **「ご飯の後ならいいよ」**
- **徐々に、ご飯の後にあげるお菓子の量を減らしていく**
- **最終的に、お菓子はご飯の後。できれば、夕飯の後は、食べない、へ**

このスモールステップで、お菓子ルールを浸透させるようにしてみてくださいね。

おもちゃについてもまとめます。

実践編2　おもちゃ

おもちゃを買うなら、**遊び方に「余白」のあるおもちゃがいいと思います。**ひとつの遊び方しかできないものじゃなく、積み木やレゴなどがおすすめです。いろんな遊び方ができて、想像が広がればなかなか飽きません。

私は小さいとき、お人形ハウスでごっこ遊びをしていました。でも、同じ部屋に飽きてしまい、自分の布団をくぼませて「岩風呂！」と言いながら、毎日違う温泉に入る遊びをしていました。何もないときは、色鉛筆を人形に見立てたり……。

子どもは創造性の塊！　何もなくてもやっぱり遊びを生み出せます！

実践編3　動画・ゲーム

動画やゲームとの接し方で、悩んでいるお母さんは大変多いです。私は、家庭で約束をして使おう、と伝えています。親のスマートフォンであればなおさらですし、子どものために購入した電子機器も、お金を出したのは親ですから、最終的な意志決定者・所有者は親だということを徹底しましょう。

刺激の強い動画や暴力的な内容、年齢にそぐわないコンテンツ視聴には、親が積極的に介入して、子どもの目に触れないようにすべきです。ゲームをしながら「死ね」「殺すぞ」と叫ぶ場面も見受けられます。フィルタリングという方法もありますし、後から視聴履歴を確認するなど、目をかけてください。

まとめ

- ☑ お菓子はルールを決めて与えよう
- ☑ おもちゃは子どもが工夫のための「余白」があるものを選びましょう
- ☑ スモールステップで、ルールを浸透させよう
- ☑ 刺激の強すぎる動画やゲームは、親が積極的に介入

お菓子を与えすぎないために

● 割れやすいお菓子の包みをそっと丁寧に開けること。

● お菓子のルールを決めること。明るく楽しく伝えましょう。

こんなときは与える？与えない？

「お母さんのスマートフォン、使わせて」

「これはお母さんのものだから、お母さんがやめてと言ったらすぐに返して」と最初に約束します。時間を決めて使う場合がほとんどだと思いますが、その約束を守れるかが、その子に電子機器を買い与えてよいかを見極める基準になります。

一律に、何歳になったらゲームをしてOK、スマートフォンを持たせてOKとは決められません。その子によって〝自律〟年齢は異なるからです。スマホやゲームを、つい触ってしまうくせがつき、ゲーム依存になる、ひどい場合にはスマートフォンを取りあげられて暴れる子もいます。その子の特性を見極めて、与え方を判断しましょう。

動画視聴。約束を守れば、任せきりでいいの？

動画の内容に問題なく、約束の範囲内であれば、親は見守ればよいと思います。でも、ただ「楽しかった」で済ますのはもったいない。少し時間をかけて親も一緒に観て、関心を持って話をしてみてはいかがでしょうか？　**「観る」という行為はインプットですが、アウトプットの時間を意識すると、教育につながります。**

もし、親が動画を観る時間がなければ、「何が面白かった？」「どう思った？」と質問するだけでもＯＫ。動画の内容や感想を伝えようとすることで、子どもの表現力の向上にもつながります。インプットとアウトプットは、セットで行うことで、初めて効果があらわれます。記憶の定着や、経験したことの言語化につながります。あまりしつこくきくと嫌がるので、そのあたりは無理なく。

祖父母が与えすぎる心配は？

親は与えすぎないように気をつけているのに、祖父母が孫に甘く、与えすぎる！

このようなお悩みもよく聞きます。でも、祖父母ってそういう存在なんです。やりすぎない程度に与えるのはいいとしましょう。**子どもに無条件で愛を注ぎ、愛情を示す存在も必要ですし、祖父母はそうであって良いのです。**

といっても、お菓子などに関して身体や歯に悪影響が出そうな場合は、適切な量や頻度を伝え、子どもがお小遣いをもらった場合も親が把握しておくべきです。子どもから都度**「〇〇から、いくら（何を）もらった」と親に自己申告するよう約束しておきましょう。**風通しのよい三世代関係を築けるといいですね。

まとめ

- ☑ 電子機器は、その子の〝自律〟年齢に合わせて与えよう
- ☑ 観るだけではなく、親子でアウトプットを共有しよう
- ☑ 祖父母は与える存在。もらった報告は子どもにしっかりさせましょう

ぼーっと子育てしてない？考えてから、与えよう

でも、「与えすぎない」「与えない」って、親もけっこう真剣にならないとできないことなんです。与える方が、その場は丸くおさまるし、子どもも喜びますからね。そこをぐっと頑張る！　普段から「与えるべき？　ちょっと待つべき？」と考える練習を、親がしておくといいと思います。

じつは、「与えすぎ」は、ものだけでなく、ほめる・叱る、答え、お世話などにも言えることなんです。

子どもが欲しそうなものを先回りして与えていると、「欲しい」と言い出せなくなったり、我慢が苦手になるかもしれません。

子どもが失敗しないように、親が手を出しすぎると、「失敗」の経験ができないまま大人になってしまいます。

「すぎる」が積み重なると、成長の機会を失いかねないんです。

ある日、私のもとに相談に来られた方がいました。

「不登校で家にいる間、子どもが本もテレビもゲーム・動画も全部やりつくして、飽きてしまったんです」

と悩まれていました。究極的には、やっぱり飽きるんですよね。

私の答えは**「子どもと一緒にお味噌汁を作る」**！

私も実践しましたが、子どもと料理すると、横に並んでコミュニケーションせざるをえないし、協力もします。特に、お味噌汁はできあがったものが本人オリジナルレシピなので、創意工夫のしがいがあります。

自分の作った料理を、家族みんなでいただき、「おいしいよ」と言われた日には、自己肯定感と達成感モリモリ（笑）。

「じゃあ、明日は違う料理に挑戦しようかな」
「なんか新しいことやるって楽しいな」
と、子どもの新しいことへの意欲ややる気が広がっていく可能性も。

要は、親がちゃんと考えて与えるということです。子どもの顔色をうかがうのではなく、親が「与える・与えない」の軸をしっかり持ちましょうね。

まとめ

- ☑「失敗」は、成長の大チャンス！
- ☑手を出しすぎて、「失敗」の機会を奪わないように

子どもと一緒に料理すると

- 親子のコミュニケーションが生まれ、協力し合える。
- 子どもが創意工夫する。

「答え」も与えすぎないで。「なんで？」は知性を磨く黄金タイム

子どもが疑問に思ったことを、なんでも「なんで？」ときいてきて、どう対応すればよいのか困っているお母さんたちも多いですよね。子どもの「なんで？」は成長の証ですが、家事や仕事で忙しいときも、こちらの様子におかまいなしで「なんで？」と来られるとつい、子どもに「うるさい！」と言いたくなってしまうこともありますね。

でも、この「なんで？」は、好奇心を伸ばすうえですごく大事なんです。じつは、**「なんで？」って言い始めたら、知りたい欲求が爆発している時期。だから「なんで？」への対応の仕方は、子どもの知性を輝かせるかどうかの分かれ道なんです。**

3歳までは、体験するだけで十分。3歳以降は、子どもの「なんで？」を引き出せば、ゆくゆくは勉強が好きな子になります。

たとえば

「小麦粉と片栗粉を触らせて、触感の違いにワクワク」

3歳までは、ワクワクでOK。

それ以降は「どちらも食べ物、見た目も似ているのに、なんで触感が違うのかな？」と声かけをして、親子で一緒に考えてみます。

日常にまつわる「なんで？」は、みな

まつぼっくりに興味津々。身近な「なんで？」に子どもに触れさせましょう。

さんの身の周りにまだまだたくさんあります。

- 引き戸を何度も開けたり閉めたり。なんでスーッと動くのかな？
- まつぼっくりが晴れの日は開いたり、雨の日は閉じたりするのはなんでかな？
- 鍋物を食べるとき、お肉の油がお皿の中で浮いているのはなんでかな？

こんなときに、**「学ぶのは楽しい！　知るって楽しいね！」ってお母さんが声をかければ、子どもも「そうか、学ぶってこういうことか」「新しいことを知ると楽しい」と考えるようになります。**

この「なんで？」への答えも、与えすぎに気をつけましょう。すぐにいつでも親が答えを与えすぎると、子どもが考えなくなってしまいます。

実践編

「なんで？」への対応

①一回目の「なんで？」には普通に答え、その後に何回も同じことを聞かれたら、「なんでだと思う？」と聞き返す

毎回すべてに答えなくてもよいです。

もう何度も聞いて答えをわかっている子どもは、案外ちゃんと答えられます。そこで「知ってるじゃない！」「すごいね」って言ってあげたらＯＫです。

②親子で一緒に調べましょう

「お母さんもわからないから一緒に調べてみよう」って、スマートフォンやパソコン、本などで、子どもと一緒に調べればいいですね。親は子どもになんでも答えてあげなきゃ、と知らないことを聞かれたら、つい「今忙しいの！」とごまかしてしまう人もいるかもしれませんが、子どもの好奇心を育てるには、なんともったいない！「お母さんも知らない」って、答えて大丈夫ですよ。

③ わからなければ予測をしてみる

「お母さんも知らない。なんでだと思う?」「そうか。では調べてみよう」

ポイントは、答えがわからないながらも予測をしてみるということ。答えにたどりつくうえで、一見遠回りに見えますが、とても大事なこと。それが、仮説を立てる入口になります。仮説は、間違っていてもいいんです。**仮説と、それが正しいかを調べることを繰り返すことで、子どもは粘り強く自ら考える習慣を身につけます。**

ここで大切なことは

『調べたらわかるんだっていう姿勢を教えること』

そのために、身の周りに図鑑、辞書、年表など自分で調べられるものを置いておけばなお良し。これも、親が子どもの好奇心を育てるためにできる、環境づくりのひとつです。

子どもの「なんで?」をうまく活かせば、自然に学びスイッチが入って、天才キッズになっちゃうかも（笑）。お母さんはこの時期を見逃さないでくださいね。

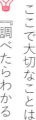

子どもの「なんで？」への対応例

- 子どもが何回も「なんで？」と聞くときは「なんでだと思う？」と聞き返しましょう。

- 親子で一緒に調べましょう。

まとめ

- ☑「なんで？」は好奇心を伸ばすチャンス
- ☑答えを与えすぎず、自分で答えを予想して、調べられる環境を整えよう

意外！「ほめる」も与えすぎに注意

「ほめすぎもよくないの⁉」

「子どもをほめて育てましょう」の時代、驚く人も多いはず。

でも、なんでもかんでもほめすぎ、はちょっと考えものです。

子どもがほめられすぎて麻痺しちゃって、いざというときに響かないと困ります。

「優しいね」とほめ続けて、その子自身が「優しくしないといけないんだ」と思い込んで、プレッシャーに感じるのも望ましくないですよね。度がすぎると、我慢して人に譲ってばかりや、自己主張を抑えてしまうという可能性もあります。

ここでも、**「考えてほめる」が大事**。なんでもかんでもほめるのではなくて、「これ！」というポイントをほめましょう。たとえば、「この子のいいところを見つけた！」「こうなってほしいな、ここを伸ばしてほしいな」というポイントを探しあてて、重点的にほめましょう！

これって突拍子もないポイントじゃなくて、ふだんから子どもを観察していて感じることをベースにすればいいんです。

「うちの子、けっこう優しいところがある。この方向で育ってほしい」と思えば、子どもがお友達に親切にする場面に立ち会ったら、すかさず「親切だったね」とほめる。

「やりぬく根気強さを伸ばしたい」と思うなら、ほんの小さなことでも頑張ったらそのときに、ほめる！　小さなこと、スモールステップでいいんです。

コツは、「すかさず」「その場で」ほめること。だから、ふだんは見て見ぬふりをしていても、その場面を見逃さないようにしましょう。子どものかっこいい場面を目撃したら、お母さんも嬉しくなっちゃいますよ（笑）。万が一、そのときにほめることができなくても、思い出せる子に対しては、あとからふり返ってでも必ずほめましょう。

以下の声かけも参考にしてみてくださいね。

CASE

小さな失敗や忘れ物などしたとき

△ 例

はあ〜、失敗しちゃったの？

○ 例

○○ちゃんは、いつも失敗を乗り越えるのは得意だから、大丈夫だね。

POINT

マイナスではなく、プラスの点に着目してほめましょう。

CASE

ごはんを食べるとき

△ 例

ごはん食べてえらいね。

○ 例

お箸を上手に使って、そんな小さなお豆までつまめて、すごいわね。

POINT

子どもができたところを、具体的にほめましょう。

まとめ

☑ ほめすぎに注意

☑ よく考えて、子どもの良いところを目にしたら、すかさず、その場で、狙ってほめる！

「根気強さ」を伸ばしたいときのほめ方例

- ほんの小さなことでも、子どもが時間をかけて頑張ったら、そのときにほめる！

Column

日常を工夫すれば、感情コントロール力が伸びる！

子どもと、長時間一緒にいられなくても大丈夫

共働きの家庭などでは、子どもと一緒にいる時間が限られます。子どもにいろいろ教える時間がとれないと悩む方もいますが、日常生活の何気ない瞬間にできることはたくさんあります。

・プラレールを見ることも、効果的！

子どもの大好きなおもちゃ、プラレール。電車の走る動きを追うことで、眼球運動になります。眼球運動によって、脳の前頭葉という部分が刺激され、感情をコントロ

ルする部分が鍛えられます。

・お風呂でスーパーボールをポーン！

スーパーボールの動きを追うのも眼球運動になります。それだけでなく動体視力も鍛えられます。感情をコントロールする力が伸びている瞬間です。

・病院の待合室。退屈～

たとえば、「お部屋の中にある、赤いものを探そう」と子どもに声をかけてみましょう。これによって、眼球運動スタート。退屈にならず、子どもが落ち着いて一緒に座っていることができます。

眼球運動としては「かるた」などもいいですね。テレビやゲームも一見良さそうに思えますが、視野が狭く、固定されるので、ここで例に出したプラレールやスーパーボール遊びのような効果はあまり期待できないと思います。

第四章

子どもの主体性を育むはたらきかけ

主体的に生きるって？

5歳のタクト君とその母・ゆかさんは、お友達と公園でピクニック中。お菓子を持ち寄って、分け合っています。

友達のママ「ひとり1個ずつあるから、みんな、好きな味のゼリーを選んでね」

タクト君（ゆかさんの方をふりむいて）
「もらっていいの？……いつも食べてるから、ブドウ味がいい？」

ゆかさん「タクトが選べばいいんだよ」

タクト君「じゃあ、はじめてのイチゴ味！」

（全員選び終わる）

タクト君「タクト、やっぱりブドウ味がいい。だって、〇〇君が食べてるブドウ味がおいしそうだもんー」

ゆかさん「もう、ブドウ味はないよ？　だったらさっき選べばよかったでしょ？」

タクト君「やだ！　ブドウ味のほうが絶対おいしい！　ほしいっ！　ママの意地悪！　イチゴ味なんかいらない！」

「選ぶ」練習で、主体性を育む

「選ぶ」って大人でも難しい行為ですよね。そして、選んでみて後悔することもたまにはあるでしょう。何を食べるかから始まり、キャリア選択まで**人生は「選択」に満ちています**。小さい頃から少しずつ「選ぶ」練習ができるといいですね。

さて、「選ぶ」経験をしたタクト君、最後は怒り出してしまいました。でも、私が気になったのは、まず「お母さんの顔をうかがったこと」。いつもは、お母さんに決めてもらっているのかな？　まだ自分で選んでいいのか迷っていましたね。

そして、せっかく自分で選んだイチゴ味ですが、お友達の食べているブドウ味がうらやましく思え、欲しくなりました。自分の選んだ内容に納得できず、やり直したくなったのでしょうか？

この例は、お菓子をめぐる小さな選択についてでしたが、読む本や、学校を選ぶ際にも同じことが起こりえます。満足のいく「選択」には、主体性が不可欠。でも、主体性って何でしょうか？

主体性とは、どんな人生を生きたいかを考えること

実際、幼児のときは、みんな主体性を持っています。まだ言葉を喋れない頃から、「イヤだ」「あれがほしい」とはっきり意思表示しますよね。でも成長するに従い、周りの様子をうかがい、自分と折り合いをつけて、選んだ気になったり、なんとなく着地させることが多いのでは？

そこで、ご自身に置き換えて、思春期の進路選択や会社選びの際、どんなふうに考

え、決定したかをふり返ってみましょう。皆さんは、自分が何をやりたいか、どんな人生を生きたいか、を真剣に考え抜いたことがありますか？ それこそが、「主体的に生きる」ということなんです。

ある程度流れに乗れば、学校も就職もそれほど悩むことなく、それなりに人生を送ることもできます。つきつめなくても満足いく生活ができる可能性もあるでしょう。

でも、この「なんとなく」が積み重なると、考えるのは無駄、考えない方が楽、と心のどこかで感じるようになりませんか？ そう、考え、選ぶにはパワーが必要。ある意味めんどうくさいです。

けれど、本当に困ったときや、人生の岐路に立たされたときは、自分に向き合い、考えざるをえません。

もし、今までなんとなくやってきたけど、「私は本当は何がしたかったんだろう？」「これでいいのだろうか？」と疑問を持つ人がいたら、今がチャンスです。**子どもと**

一緒に、人生を主体的に生き直せばいいのです。親が主体的に生きる姿を見せれば、子どもの主体性も自然と育まれます。

まとめ

- ☑「選ぶ」経験が、子どもの主体性を育てる
- ☑主体性は、進路や人生の選択にもつながる

幼少期の主体性は「何のために生きるか」へとつながる

主体性を育み、人生の選択ができる子になる

「主体的に生きる」とは、「自分は何のために生きるか」を考えることでもあります。

幼少期に少しずつ自分で考え、選ぶ行為を繰り返し、やがてもっと人生に関わる大きな選択ができるようになるのです。

選ぶ練習をせず、進路選択が必要な時期に突然「自分で選んで」というのは、リハーサルなしで本番に臨むようなもので、酷だと思いませんか？　また、「子どもには任せられないから」と親が重要なことを決めてしまうと、ますます自立が遠のきます。

もしかすると、あとから「親が勝手に決めた」「本当はこうしたかった」と、子どもが不満を募らせるかもしれません。

以前は、〝斜めの関係〟である親戚や先生たちが、「生き方」について子どもたちと語り合い、教えることが多かったようです。吉野源三郎著『君たちはどう生きるか』という小説では、父親を亡くした主人公・コペル君は、親代わりでもある「叔父さん」との会話や交換ノートを通じて成長します。しかし、核家族化が進み、学校の位置づけも変化し、親が「生き方」を子どもに教えなければならない時代となりました。

思春期に子どもに「クソババア」と言われたらどうしようと心配する人がいますが、本来この時期は人生や生き方について、親子で話し合う大切な期間です。その下地作りとして主体性・自立を育む子育てを、幼児期から意識していただきたいです。

小さい子がいきなりひとりで物事を判断するのは難しいので、まず、その子がおもちゃやお菓子などを選んだ時「**あなたの選んだものは、なんて素敵なんでしょう**」と

いう気持ちで声をかけるところから始めてみましょう。

実践例　子どもが自分の好きなおもちゃを選んだとき

「すごい、おもしろそうなおもちゃを選んだね」

最初は自信がなくて、親に選んでもらったり、親の顔色をうかがったりする子もいるのですが、「すばらしい」と言い続けているうちに、自信をもって選択できるようになります。多少変なものを選んでもＯＫ。練習なのですから。

そして、ほかの子と比較せずに、「あなたの選んだもの、選び方が最高だよ」と言い聞かせてくださいね。そうすると、ほかの子をうらやんだり、ほかのものを欲しがったりする言動も落ち着いていくでしょう。

私も中高生の頃、よく親と生き方について話をしました。母から言われたのは、**「世の中の人全員、その存在に意味がある。全員、それぞれ使命がある」「自分の命を何**

のために使うかをよく考えて」。その頃は、いくら考えても、自分の使命は見つけられませんでした。

でも、現在こうして皆さんにお話ししているのは、当時悩み、考えあぐねた経験があるからこそ。幼児期に自分で考え、選びとった経験は、思春期だけでなく人生全般につながります。親子で語り合う時間は、その後の人生を支える、子どもへのギフトになるはずです。

まとめ

- ☑ **主体的に生きるとは、何のために生きるかを考えること**
- ☑ **思春期に親子で、生きる意味や目的を話し合おう**

子どもの選択を肯定すると子どもの主体性が育まれる

幼少期から主体性を育む工夫

本人の自立を促すには、登園や登校の準備を自分でさせる、休日のお出かけ先を決めてもらう、などもよいと思います。特におすすめは、旅行の準備。日帰りのお出かけや園のお泊りでもいいですね。ポイントは次のとおりです。

①持ち物リスト作り

最初は何が必要かわからないので、しおりを見ながら、もしくは親子一緒に持ち物リストを作りましょう。そして、必要な日数分の衣類や洗面用具などを本人がパッキング。**親は、あえてあまり口出ししないように頑張ってみて**、「心配なら、パンツは多めに持って行ったら?」など**要所でアドバイス**。あまりにも過不足があれば、手伝ってもいいのですが、足りなければ現地で買い足す、くらいの気持ちで見守ってみましょう。もちろん、最初にやり方は見せてあげてくださいね。

天気予報を見ながら、長袖が必要か、雨具を持って行くかなどを親子で相談すれば、情報収集力や判断力も鍛えられます。こんなふうに、日々の生活の中で学べるポイントはたくさんあるんです。

② 荷解きも子どもにやってもらう

そして、旅行から帰ったら、カバンを開けて汚れ物を出すところまで、子どもにやってもらいましょう。旅行は楽しいけれど、荷解きや洗濯の負担が大きいと嘆く親も多いでしょう。これも、子どもの荷物は、子どもが最後まで担当！

そうすると、「帰宅が夜遅くなると、荷解きができない」「余裕をもって、明るいうちに帰宅できるように計画しよう」「めいっぱい遊びたいけど、遊んでいると夜がむちゃくちゃ大変だから我慢」と気づき、計画性も磨かれます。これも立派な教育です。このあたりのさじ加減は、家族にギリギリまで遊びたい大人がいたら、ぐっと我慢しなければいけないところかもしれません。家庭の方針に合わせて取り入れてみてくださいね。

実際、小学校3・4年生になっても、親が子どもの荷物をつめているという家庭がありますが、いずれ高学年になれば、林間学校や修学旅行に行って、自分で荷物を管理しなければならなくなります。荷造りと荷解きは、年長くらいから自分でできます。

幼児期から、自分でやる習慣をつければよいのですが、子どもが大きくなっても親がいろいろやってあげている場合、どう切り出すか難しいかもしれません。そんなときは、素直に「お母さん、勉強して知ったんだけど、〇歳になったらみんな自分で荷物をつめて、片づけもするんだって。次からやってみよう」と伝えてみましょう。何歳からでも遅いということはありません。今日からトライ！

旅行の準備をさせるのも子どもの自立を促す

まとめ

- ☑ 外出や旅行の準備・荷解きなどでも主体性を育める
- ☑ 主体性を育むことは、何歳からでも遅くない

子どもを信じて、まかせてみよう

主体性の大切さも、身につけさせるコツもわかったけれど、目の前の子どもにはつい口を出してしまい手助けしてしまう……。そう、**「見守る」にはかなりの忍耐とパワーが必要**なんです。目先の利益や世間体を考えると、「忘れ物をしたり、失敗したらかわいそう」となりがちですが、よく考えれば困るのはその子自身。切り離して考えれば、お母さんまで困る必要はないのです。あまり失敗を恐れすぎると、子どもの成長の機会を奪うことにもなりかねません。

よかれと思っての支援が、子どもの主体性を奪うことも……

もう少し年齢があがると、勉強に口出しするかしないかを迷う時期がやってきます。

事例　宿題の声かけ

あるお子さんは「朝に宿題をやりたい」、お母さんは「寝坊したら困るから、夜に宿題を済ませてほしい」とけんかになりました。これは、一度お子さんの意見を尊重してみることで、朝ギリギリに宿題をすると寝坊したら間に合わないとお子さんが気づき、落ち着いたそうです。

事例　ハンカチ持った？

いつもハンカチを忘れがちな我が子に、毎日「ハンカチ、持った？」と確認するお母さんはいませんか？　たまにならいいのですが、ずっとだと子どもがハンカチを忘れないように自主的に動くことにつながりませんし、ゆくゆくは「親に信頼されてないのかな」と子どもが不安を感じます。

主体的に生きる、って人間にとって喜びなんです。小さな選択を重ね、自分の好きなものを食べて、好きな服を着る。どんなに小さくても、年を重ねても、自分で選べるって最高です。ハンカチを持つのも持たないのも、その子の選択。忘れると、学校で先生や友だちから指摘されたり、手がべちゃべちゃになり困るかもしれませんが、それも学びです。**本当に子どもが困るなら、次から自分で用意するようになります。それよりも、子どもが「自分でできた」という達成感や満足感を味わうことを大切にしてください。**

実践例　「ハンカチ」の例 ～子どものできるところから、スモールステップ～

いきなり子どもに全部任せると困ることも出てくるので、スモールステップに分けてみるのもいいかもしれません。「ハンカチ、持った？」の声かけはやめて、ハンカチを見えるところに出しておく。3日続けてみて習慣になれば、今度は引き出しまで自分でとりにいくようにする。というふうに、分けてチャレンジしてみましょう。3歳くらいから、水筒やハンカチの準備くらいは自分でできますよ。

まとめ

- ☑ 主体的に生きるのは、喜び
- ☑ 親はつい口を出したくなるけれど、スモールステップに分けて子どもに任せよう

子どもがハンカチを自分で準備するようになる

Before
ハンカチ持った？
あっ
ハンカチだね
After
ハンカチをよういします

- 「ハンカチ持った？」の声かけはやめて、ハンカチを見えるところに出しておきましょう。
- 引き出しまで自分で取りに行けるようになります。

日常生活で、子どもの「見て」に応えると

自己肯定感や主体性に関わる話で、これだけは伝えておきたいこと。それは、子どもが「見て！」というときに、親は子どもを見てあげてほしいのです。

子どもを見ると、親や社会への信頼が育まれる

これは、専門用語で「**ソーシャルリファレンシング**」と言い、社会的信頼を指します。「私を見守ってくれている人はいるかな？」と振り向いたときに、ちゃんと見てくれる人がいれば、子どもはそんなに無茶はしません。1～1歳半の幼児ですら、新しいものを前にして触ってよいか確認するときに親の方を振り向きます。

これは、親でなくてもどの大人でもよく、**最初から最後まで見続ける必要もありません。子どもが振り向いたときにそこにいて、目を合わせるのが重要**なのです。

「私はひとりじゃない」「誰かに守られている」という感覚は、親や社会への信頼を育みます。長じて、子どもがトラブルに巻き込まれたり、悩んだときに、周囲の人に「SOS」を発信できるか、に関わります。「小さいときは手をかけ、大きくなれば目をかける」とよく言いますが、そのとおりです。

日常生活での、「見る」を大切に

家でリコーダーを練習しているとき、「ソの音」が出た！
けん玉がうまくできた！
コマがうまくまわせた！
逆上がりができた！

そんな**何気ない「できた！」「見て！」を見逃さないようにしましょう**。その延長として、授業参観や学習発表会、習い事の発表など、家庭外での見せ場があります。

この「親は自分を見てくれているんだ、よかった」という関係は、乳幼児期から思春期まで続きます。常に見続けるのは不可能なので、子どもが見てほしい瞬間を察知して見ること。小さいときから親が意識して積み重ねれば、勘所がつかめます。そして、思春期に重要な場面を見落とさなくなります。

一人ひとりの子どもにあった成長を大事にして、比べないこと

もうひとつ付け加えるなら、あまりほかの子と比べないで、ということ。**比べるから親も悩み、子どもの自己肯定感も下げてしまいます。**

その子はその子のペースでうまくいく。もしお子さんが発達のグレーゾーンだとしても、その子のスピードで進めばいい。昨日より今日、何か少しでもできていればす

ばらしいと思いませんか。

子どもの「できた」を大事にする声かけルール

①できているところだけをほめる

②結果ではなく、成長をほめる

③できなかった過去と比べない

昨日よりできるようになったのは本人がわかっていればOK。できなかった自分がいたことは子どもが一番知っています。あえてお母さんが過去を指摘する必要はありませんが、本人が言っていたら、「そういうこともあったね」と言ってあげてください。

次のページから声かけ例をご紹介します。

CASE

子どもが「できたよ」と親に報告してきたとき

△ 例

▼ここができてない

▼〇〇ができなかったよね。

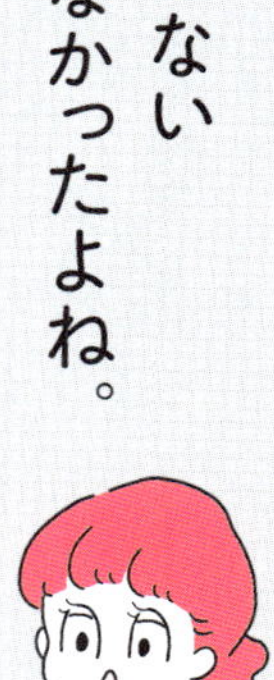

〇 例

▼〇〇、できてるじゃない！

▼〇〇ができるように成長したね。

POINT

子どもができるようになったところだけほめましょう。

CASE

子どもが発表会で上位に入ったとき

△ 例

○○できたね。

○ 例

発表会のために、毎日コツコツ練習したからできるようになったんだね！だから○位になったのね。

POINT

頑張って、成長したところを具体的にほめましょう。

子どものできなかった過去と今を、親は率先して比べるようなことはしないと思います。ですが、子どもの成長にとって、過去と今の子どもを比較することは、その子の成長を促すことに繋がります。そのため、記録をとっておくのは、非常に有効です。子どもに対して、親が何か言わなくても、子ども自身が自分の成長に気づき、次の成長に繋げていくことができます。

まとめ

☑ **親や社会への信頼を培うには、子どもが振り向いたときにちゃんと見ていることが必要**

子どもの「見て」に応える

- 子どもの「できた」を見逃さない
- できているところだけほめる
- 結果ではなく成長をほめる
- できなかった過去と比べない

第五章

愛されているのに、自己肯定感が低いという悩み

愛されているのに自己肯定感の低い子ども、そして大人

タクト君（5歳）の母、ゆかさん。一生懸命、子どもに向き合えば向き合うほどイライラが募り、つい息子を怒鳴ってしまうことも。

（心の声）
「子育てって思いどおりにならないもんだなぁ……。周りのお母さんたちはニコニコしながら、もっとうまくやっているのに、私はいつも注意したり、怒ってばかり。最近、タクトがイヤそうな顔するし、私の言うことを聞いてくれなくなった。でも、ほっといたら本人のためにならないし……。あーあ、こんなはずじゃなかったのに」

ふと手にとった本に導かれ、ゆかさんは子育ての勉強会へ。

いしい先生「皆さんの子ども時代を思い出してみましょう。お母さんは、自分にどんなふうに話しかけてくれましたか」

ゆかさん（心の声）「私の子ども時代？　両親はあまりほめてくれなかったし、年中、小言を言われてた。だって、私がおっちょこちょいで、やることが遅くて、失敗ばかりしてたから……。何度も同じことを繰り返して、怒鳴られたり、殴られたり。親が怖くなって、だんだん話をするのを避けるようになった。中高時代なんて、親のことをほとんど無視してたかも。あっ！　これって、今の私がタクトにしてることと同じ⁉」

ゆかさん「いしい先生、私、自分がダメな子で、親に怒られてばかりだったことを思い出しました。ほめてもらったことがないから、今、息子をどうほめていいかわかりません。自分が育ったときと同じことを息子にしてしまいそうで、このままじゃいずれ息子が口をきいてくれなくなるんじゃないかと……」

いしい先生「よく話してくれましたね。まず、あなたは決してダメな子じゃなかったんですよ。そして、これから子育てを学べば、自信をもって息子さんとコミュニケーションができるようになりますし、関係も変わります。今回の子育てで、昔の記憶を捨てて、新たな自分を生き直すことができますから。いつからでも遅くないから大丈夫よ」

ゆかさん「……先生。私が悪かったんじゃないんですか？　私、息子に嫌われたくないです。つい怒ってしまうけど、彼には幸せに生きてほしい、それが願いなんです！」

子育てで気づく、自分と親の関係性

どんな親も子どもを思う気持ちは同じ。親にたくさん怒られた人もいるかと思いますが、それも愛情だったのかもしれません。ただ、子どもの自己肯定感や満足感の観点では、怒るよりほめる、親がコントロールするより子どもの意志を尊重する子育てのほうが、子どもを自立させ、強く生きていけるようになると思います。

私が持っている講座でご自身の成長過程をふり返り、「親の決めた進路にしか進めなかった」「ほめられたことがない」「話をきいてもらえなかった」などと思い出して、つらく感じる人にたくさん出会いました。おそらくは、どれも本人のためを思って、親がしてくれたこと。けれど、親から愛されていたという自覚はあっても、自己肯定感が低く、子育てに自信を持てないお母さん方も多いのです。

大丈夫、あなたは、ちゃんと子どもを愛せます

「子どもを愛している、でも親が期待することを子どもが〝できない〟ときは叱るの一辺倒」という愛情を受けたために、親子の信頼関係が築けず、心に傷を負ってしまったのです。**真の愛情とは、そのままの子どもを愛し、良い時も悪い時も受け入れるということ**。できないなら愛せない、という条件付きの愛情ではないのです。ご自分の子育てでも、同じですね。「その子がその子であること（私は私）」を受け入れ、ありのままの子どもを愛してあげてください。

では、子どもが失敗したり、明らかに間違ったことをしているとき、どうしたらいいのでしょうか。

たとえば、子どもが本を読むのに夢中で、夜寝るのが遅くなったとき。

「早く寝なさい。遅くまで起きてたら、ダメ！」と怒るより、「もっと本を読みたいよねえ。でも、もし読みたいなら、明日の朝早く起きて読もう！　そっちのほうが頭がスッキリして、どんどん読めちゃうよ」と声をかけたほうが、親子ともに平和に過ごせます。

要は、**失敗しても間違っても、とにかく子どもを愛でる！**　そう、**プラスに転じる**のです。「私、ネガティブ思考なんだけど」という方も、コツをつかめば「プラ転」ができるようになりますよ。

まとめ

☑「できない」ときはダメという条件付きの愛情ではなく、ありのままの子ども、ありのままの自分を受け入れよう

そのままの子どもを愛する

Before

After

- 子どもが間違ったことをしたときは「プラ転」の声かけを。

一生使える武器「プラ転」を癖にする

考え方って、ある意味〝癖〟なんです。自分の癖を知り、変えたいと思えばしめたもの。ネガティブ思考の人も、プラスに考えるためのコツをつかんで、練習すればいいんです！

「プラ転」で、平穏と幸せを手に入れよう！

起きてしまったことや現実は変えられなくても、考え方をプラスに転じれば、次の行動が変わります。以前の章でも紹介しましたが、「プラ転」をうまく使えば、心が平穏になり、くよくよ悩む頻度も減るでしょう。これって幸せな生き方ですよね。子どもにも是非身につけてもらいたいです。

私は、どんなことがあっても「でも、〇〇でラッキー！」と、明るいテンションで言うことにしています。泣き出したいときも、明るいテンションで。これは、とても重要です。「ラッキー！」って口に出せば、そんな気分になるし、どんな大変な状況でもラッキーを見つけられるようになるんです。人生に無駄な経験なんかない！と思えるようになりますよ。

事例

△ **ネガティブ例**「〇〇くんとけんかしちゃった」

◎ **プラ転例**「心を開いて、もっと仲良くなれるチャンスじゃない、ラッキーだよ！」

事例

△ネガティブ例「宿題やるの忘れた、先生に怒られた」

◯プラ転例「今日は大変だったけど、重要なときに絶対忘れないようになるからよかったね！」

事例

△ネガティブ例「風邪ひいて、遠足に行けなかった」

◯プラ転例「ほかにもっと行きたい行事のときに風邪ひかないで済むかも。免疫が鍛えられてラッキーじゃない！」

事例

△ネガティブ例「お気に入りの筆箱が壊れちゃった」

◯プラ転例「買い替えの良い機会だね。もっとお気に入りが手に入るかも！」

最初は無理やり感があるかもしれませんが、練習を続ければ自然に身につきます。

やがて、落ち込む時間がもったいない、とすぐに前を向けるようになりますよ。

最近、〝メンタルの強さ〟〝レジリエンス〟という言葉を耳にしませんか？　レジリエンスとは、しなやかな打たれ強さ・回復力のこと。心がポキッと折れることなく、落ち込むことがあっても、立ち直れるような柔軟な強さです。自己解決、自家発電できる人って最強だと思います。お母さんが実践して、是非お子さんにもプレゼントしてくださいね。

まとめ

- ☑ 起きてしまったことをプラスに転じる考え方を手に入れよう
- ☑ 明るいテンションで「ラッキー！」と言う

「プラ転」の声かけ

- 考え方をプラスに転じると心が平穏になる。
- 親が「プラ転」する様子を子どもに見せる。

子育てを学ぶと、親の人生も好転する

ご自身の自己肯定感が低くて悩んでいるお母さんたちがいると気づいたのは、私の講座でのことでした。不思議と、子育てを学ぶうちにお母さんたちの自己肯定感がどんどんアップしていくのです。ご自分の幼少期から思春期の親子関係を思い出し、つらい気持ちになる人もいますが、これからの子育ては自分次第です。**現在の自分を愛し、希望を持つ。もし親を恨んでいたら許し、つらい過去を捨て、そのままの自分をいつくしみましょう。**

その一助になるのが、「**プラ転**」です。目の前の子育てで、困難と思うことをプラ転するうちに、過去を思い出してもプラ転できるようになる人もいます。「あのとき、あんなこと言われてすごく傷ついたけど、大人になったら誰も注意してくれないから実はありがたかった」などと、負の記憶を書き換えることも可能です。このあたりは個人差がありますので、自然にまかせましょう。

子育てを学ぶと、自信がつきます。お子さんへの接し方が変わり、親子ともに楽になります。すると、「何が起きても大丈夫」「たいがいのことはなんとかできる」というポジティブな気持ちで人生に臨めるようになります。この「なんとかできそう」という気持ちが大切なんです。

人生には、学んで準備して対応できることもありますし、自分では思いもよらないハプニングに遭遇することがあるかもしれません。たとえば、子どもがいじめにあってしまうことや反抗期を迎えるとき。起きたことはどうしようもありませんが、どう対処するかは幼いときから「話を聞く」「本人を尊重する」なかで親子関係を築くことで、話し合いができます。

親子の信頼関係ができていれば、思わぬことが起きても、ともに乗り越えようとい

う気になります。実は、いじめや反抗期も、子育てする中で出会う可能性が高い出来事なのです。学んで知っていれば、備えることができますよ。

こう考えると、人生、そんなに想定外のことは起こりません。起きたらイヤだなと思う出来事に備えて、人生を想定内にしておけば、親子ともに心が安定します。

まとめ

- ☑ **子育てを学べば、自信がつき、親子ともに楽になる**
- ☑ **準備しておけば、人生の想定外が減る**

自己肯定感が低いお母さんたちの悩み三選

ここでは、自己肯定感が低いと悩むお母さんからよく聞かれる質問にお答えします。
「子どもをほめられない」などにはすでに触れたので、以下の三つにしぼります。

① 子どもを叱るのが怖い

「子どもを叱ると罪悪感を覚える。だから子どもを叱れない」という相談をよく受けます。でも正しい叱り方を知れば、怖がることはありません。

»叱る際のコツ

・子どもを嫌いだから叱るのではない、と伝える
4・5歳くらいになれば、タイミングを見て、「〇〇のことが嫌いだから叱ってい

るわけではないよ」と伝えましょう。愛しているからこそ叱っていると言葉に出して。

・感情的にならず、淡々と叱る

大きな声で感情的に叱るのではなく、叱る原因となった事実を淡々と伝えましょう。感情的に叱ると恐怖を与えるだけで、効果は出ません。

・事実に加えて、親の気持ちを述べる

「お外では静かに食べようね。○○が静かに食べてくれるとお母さんも落ち着いて食べられて助かっちゃうな」など、〝事実＋気持ち〟を伝えて。

②つい「ごめんね」って子どもに言ってしまう

「保育園のお迎え遅れてごめんね」

「こんなママでごめんね」

こんなふうに子どもに謝っているお母さんはいませんか？

子どもにとって、お母さんはいるだけですごく価値のある存在です。謝るくらいなら、子どもに「ありがとう」って伝えましょう。今日から言い換えてみて！

CASE

外食中に子どもが騒ぐとき

△ 例

静かにしなさい！

○ 例

お外では静かに食べようね。
静かに食べてくれると
お母さんも落ち着いて
食べられて助かっちゃうな。

POINT

事実＋気持ちで、淡々と伝えましょう。

CASE

保育園のお迎えが遅くなったとき

△ 例

- 保育園のお迎え遅れてごめんね。
- さびしい思いをさせて、ごめんね。

○ 例

- ○○が保育園にいてくれたから、お仕事できたよ。ありがとう。
- あなたのおかげで○○できる、ありがとう。

POINT

子どもが待っていてくれたがんばりに「ありがとう」を伝えましょう。

CASE

子どもに怒ってしまったとき

△ 例

- 怒ってばかりでごめんね。
- こんなママでごめんね。

○ 例

- あなたの笑顔が大好きよ。
- （起きているときに）〇〇のこと愛しているよ、ありがとう。

POINT

反射的に「ごめんね」と言うことは卒業！

「お母さんってすごい。」

みんながんばっているのを知っていますよ。

③ 自分は〝母親失格〟と考えてしまう

「子どもを叱ってしまう、私は母親失格……」

そんなふうに涙を流しているお母さんたち、大丈夫ですよ。**子育ては、完璧を目指す必要はまったくありません。むしろ完璧じゃないほうが子どもと一緒に楽しむ育児ができるから、もっと気楽にいきましょう。**

たとえばお着替えをするとき、完璧なやり方を子どもに教えるのではなく、「一緒にやってみようか」と、子どもがどこにつまずいているかを観察してみましょう。

もしくは、「ママは忙しくて忘れちゃうから、〇〇、助けてね」と子どもに頼る！

子どもは親に頼られると、案外、責任感を持って助けてくれますよ。この気持ちの余裕が、子どもの可能性をぐっと引き出してくれます。

まとめ

- ☑ **お母さんは存在そのものが素晴らしい**
- ☑ **「ごめんね」より「ありがとう」。子どもを信じ、まかせる**

「原体験」は、子どもの一生のお守り

これまでのストーリーの中でゆかさんにも言いましたが、私の講座ではご自身の幼少期や思春期をふり返ることがあります。反抗期を思い出して、親に言いたいこととして「もっと私を信じてほしかった」とおっしゃる方も多いです。やはり**子どもを〝信じる〟〝聴く〟はとても大切です。**

五感に残る「原体験」は、子どもの生きる力になります

もうひとつ私がおすすめしたいのは、子どもの**原体験を作っておいてほしいということ。「原体験」とは、子どもの五感を刺激して、子どもの生きる力になる強い体験**

のことです。10歳くらいまでの間に、五感に残る経験をたくさんしてほしいです。週末の公園の芝生の匂い、特別な日に飲む梅ジュースの記憶、一緒に作ったお味噌汁の味……。

ある企業のYouTube動画企画で、同じお弁当箱にそれぞれのお母さんが作ったお弁当を入れて並べておいて、どのお弁当が自分の母の手作り弁当かを、大人になった元・子どもたちがあてる、というものがありました。正答率はなんと100%。みんな、お母さんを思い出し、大人が泣きながらお弁当を食べていました。

お弁当は、すべて手作りでなくてもいいのです。子どもの好物である冷凍食品のミートボールでも、立派なおふくろの味。要は、その〝食べる〟経験や味覚と〝愛されていた〟という記憶がセットになればなんでもOK。お稽古ごとの帰りにコンビニで買った鮭おにぎりやおでんだって、後から同じものを食べれば「水泳教室の後に、いつもお母さんが買ってくれたなぁ」と記憶がよみがえります。

親子は、いつまでも一緒にいられません。子どもが自立して家を出たり、いずれは親が先にこの世を去ります。子どもがひとりになっても「親に愛されたという記憶」をすぐに思い出せるのが、原体験の良さです。初めて遠くの町で一人暮らしをしたとき、コンビニであの鮭おにぎりを見つけて食べれば、子ども時代を思い出し、パワーがわいてくるかもしれません。このように原体験は、その子が生き抜く力を引き出してくれます。

原体験がたくさんあれば、つらいときも嬉しいときも、生きる望みをたくさん持てるようになります。特に、〝匂い〟や〝味〟は深く記憶と結びつきやすいので、食べ物だと原体験になりやすいのです。おひさまのポカポカでも、干したての洗濯物の匂いでもいいですね。ただ、そのときしか食べられない限定品だとなかなか入手しづらいので、身のまわりにあり、長く販売され続けるであろうベーシックな味付けや定番ブランドだといいと思います。

こう考えると、どんなものを食べて、週末何をしようか、もう少し考えようという気になりますよね。あまりお金をかけなくても、日々の生活の中で子どもに〝一生のお守り〟をいっぱい贈れるんですよ。少しだけ意識してみましょう。

まとめ

- ☑ 親子はいつか離れなければならない
- ☑ 子どもがひとりになったとき、原体験がその子を支えてくれる

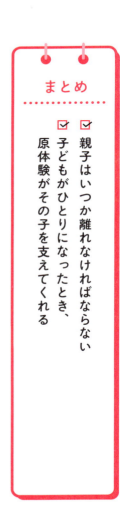

「原体験」は子どもの一生のお守り

- 親に愛されたという記憶は、子どもが生き抜く力を引き出す。
- 特に〝匂い〟や〝味〟は深く記憶に結びつきやすい。

Column

子育てあるあるお悩みQ＆A

Q

子どもが、使ってほしくない言葉を使う（下品、乱暴）

A

あまり反応せず、淡々と話題を変えること。

めんどうくさい期に入ると、わざと「うんち！」などを連呼して、大人の反応を見て面白がる子がいます。こちらがザワザワすると、喜んでますます言う……。

怒るほどの内容ではないので、あまり反応せず、「そういう言葉は、みんなが嫌がるからお外で言わない」と淡々と伝えて、話題を変えればいいのです。でも、興味が広がってきた証拠でもあるので、人体教育や性教育につなげるのもあり。一時の現象なので、あまり考え込まないで。ご紹介した声かけをしているうちに、子どももそういった言葉を使うことをやめるようになります。

一方、乱暴な言葉は、人を傷つける可能性があります。**「乱暴な言葉を使うのは、〇〇ちゃんには似合わない」「こういう言い方をする方が、〇〇ちゃんに似合うなぁ」とやんわり誘導しましょう。**「その言葉を聞いたら、お友達がどんな気持ちになるかな?」「〇〇ちゃんも、お友達からそんなふうに言われたら悲しくない?」など、相手の気持ちを考える機会にもできますね。

Q 子どもが、嘘をつく

A シンプルに「嘘はダメ」と伝える

親は不安を感じ、イライラしますが、見方を変えれば、子どもが嘘をつけるまで知恵がついたということでもあり、成長の兆しでもあります。対応は、単刀直入に、「嘘はダメ」と伝えればいいのです。このような伝え方は、4歳くらいまでがめやすとなります。

事例 手を洗ってないのに、「洗った」と嘘をつく

「手を洗ってないなら洗ってきなさい。これが我が家のルールです」と淡々と伝える。「なんで洗わないの！」と怒る必要はありません。ルールだから守ってね、

です。

嘘をつくということは、やっていいこと、やってはいけないことを理解している証拠です。何かをするときはいつも、良いことと悪いことを比べて「どうしようかな～」と子どもは頑張って考えているんです。嘘をついた時は、悪いことが勝ってしまったとき……。

だから
「○○ちゃんのなかには、悪い○○（本人の名前）といい○○（本人の名前）がいるの。
何かが起きたときは、いい○○が勝つように頑張ってね！」

ほかには、手洗いしたら子どもをハグする、かわいい石鹸ポンプを使う、など楽しく手洗いできる工夫をするといいですね。

では、もっと年齢が進んで4歳くらいになり、なかなかバレない高度な嘘をつくようになったらどうしたらいいのか。

ここも、叱るのではなく、悲しい顔をしながら

親「嘘をついた時どんな気持ちがした？」

子「いやだった」

親「それなら、もうやらないね。周りの人も傷つけるし、〇〇の大好きなおじいちゃんおばあちゃんが〇〇にそんな嘘をついたらどうする？」

と、本人の気持ちに焦点をあてて対話しましょう。

子ども自身が大好きで、信頼し、嘘をつきたくない相手を思い浮かべて、話をしてみてください。大好きな人には嫌われたくないし、裏切りたくないですよね。**怒りよりも、愛。**きっと子どもにも通じるはずです。

おわりに

ここまで読んでくださり、どうもありがとうございます。この本では、子どもの自己肯定感をあげる声かけ、そして、お母さん自身が自分を愛することについて考えました。

子育てする中で、我が家の方針が固まったのは、長女が保育園で偶然手にした絵本がきっかけでした。その題名は『わたしはわたし』。スウェーデンの作家が書いた23話の小さなお話で構成されています。長女は幼いときから自我がはっきりしており、この本をよく読んでいると保育園の先生からきいたとき、私は雷に打たれたような衝撃を受けました。

「この子は、この子なんだ!」

そして、「この子がこの子でなくなるような子育てはしてはいけない」。この子のキラキラした笑顔が失われたら、それは育てる私の責任だと感じました。夫婦で話し合い、我が子の人格と個性を大切に育てよう、と覚悟を決めたのです。ここから、「太郎は太郎であれ。存分に太郎であれ」という言葉を常に頭に置いています。親のエゴで子どもをつぶしてしまわぬよう、自分自身への戒めとして、寝る前など子どもを見ながらつぶやいていました。

今も、この本は自宅の玄関に飾ってあります。

最後に、私の活動について一言付け加えさせてください。子育てや親の資質開花など様々な活動をしていますが、これらは「カノンメソッド」に基づいています。〝カノン〟には、「繰り返す」「輩」という意味があります。繰り返すのは、親と子というのが、ずっと続いていくということ。人が人になるための教育です。ヒトは生まれてから、だんだん人になっていくのです。それぞれ過去や考え方の癖に苦しむこともありますが、学び、考え、練習すれば必ず変われます。

「どこにいても、何をしても、いつもあなた（子ども）を思っている」。それが親子です。一緒にいられない日がやってきても、ずっとあなたを思っている。でも、子ども達は親の気持ちを知りません。だから、思春期を迎える前くらいに必ず言葉に出して伝えてください。一度だけだと忘れてしまうので、何度も。繰り返すって本当に大切。そして、どこにいても子を思っている親の気持ちも、素晴らしいものです。

私の講座は子育てを学ぶ場ですが、親自身が子ども時代をふり返り、自分の人生を見直す場でもあります。「怒られてばかりだった」「信じてほしかった」と涙を流す人もいますが、もう過去は関係ありません。なぜなら、私たちは出産を機に生き直すことができるからです。いつだって、私は私。私たちが描くそれぞれの母親像をもって、新たに生き直しましょう。そして、今まで落としてきた、あきらめていたたくさんの〝私〟を大切に拾い上げ、自分の人生を歩んでください。

子育てって、とびっきりの幸運なのですから。

この本を書くにあたり、多くの方に助けていただきました。取材協力してくださった岡本さん、日本能率協会マネジメントセンターの編集の永江さん、全国にいるいつも信じてついてきてくれる300名のインストラクター、インスタグラムやSNSのフォロワーの皆さん、そして、株式会社 Terakoya Kids代表取締役の小室尚子先生に心からの感謝の気持ちを申し上げます。

そして、この場を借りて、最後に。

いつでも、どんなときでも、たとえ周囲が反対しても、ひとり応援してくれていた最愛なる父へ捧げます。父とは、親とは、そういうものなんだと私に教えてくれた父でした。ありがとう、お父さん。またね。

いしいおうこ

著者

いしい おうこ

4,500人以上の受講生をもつ声がけ教育家。東京の三代続く幼児教育一家に生まれる。二児の母。幸せな子どもを一人でも増やしたく、そのためのお母さんの居場所（親子サロン）を提供。また、来たる新時代に備え、創造教育とモンテッソーリ教育を子ども達に教える。百貨店の教育事業監修、メーカーの初プリスクールのオープニングアトリエリスタ、カリキュラムデザイナーとしても参入。0歳から6歳、いわゆるイヤイヤ期の子どもを持つお母さん方、1,021組の親子に直接指導。
いしいおうこ 5 日間声がけレッスン
https://lin.ee/o2jVXjfL

モンテッソーリ式　親子でハッピー！

魔法のほめ方叱り方

自己肯定感が上がる子育て

2024年 9月10日　初版第1刷発行
2025年 3月25日　　　第4刷発行

著者　いしい おうこ

発行者　張 士洛
発行所　日本能率協会マネジメントセンター
〒103-6009　東京都中央区日本橋2-7-1東京日本橋タワー
TEL　03（6362）4339（編集）／03（6362）4558（販売）
FAX　03（3272）8127（編集・販売）
https://www.jmam.co.jp/

装丁・本文デザイン・DTP　八木麻祐子（Isshiki）
イラスト　設樂みな子
写真協力　カノンメソッド
編集協力　岡本聡子、株式会社ぷれす
株式会社東京出版サービスセンター
印刷・製本所　三松堂株式会社

ISBN 978-4-8005-9256-9　C0037